희망은
사람사이로
흐른다

내일을 준비하는 이들을 위한 희망 메시지

희망은 사람사이로 흐른다

| 오정현 지음 |

국제제자훈련원

프롤로그

 이 글을 쓰는 동안 늘 사람을 생각했습니다. 예나 지금이나 사람은 제 삶의 동인(動因)이요, 기쁨과 슬픔의 원천입니다. 뉴스를 볼 때에도 그 너머에 울고 웃는 사람들을 생각하였고, 크고 작은 사건들이 사회의 정신을 앗아갈 때에도 진정 보려고 했던 것은 사건 너머에 있는 사람들이었습니다.

 그렇기에 이 책은 다양한 사건이나 주제들로 채색되어 있지만, 한꺼풀 벗겨내면 사실은 모두 사람의 이야기라고 할 수 있습니다. 글을 쓸 때면 제일 먼저 했던 것은 한 주간 동안 마음속에 각양각색으로 투영된 사람들을 가만히 들여다보는 것이었습니다. 울거나 웃는 사람들, 차갑거나 뜨거운 사람들, 절망하거나 소망하는 사람들, 버려지거나 사랑받는 사람들 속으로 들어가 생각과 마음을 나누고 싶었습니다.

 결국은 사람이 문제요, 사람이 해답입니다. 인생의 비상구는 세상을 보는 방식이 아니라, 사람을 보는 방식에 달려 있습니다. 그리고 사람을 어떻게 볼 것인가에 대한 모범 해답은 바로 주님의 시선입니다. 예수님은 사람을 사랑하셨지만, 또한 사람 때문에 분노하고 슬퍼하고 괴로워하셨습니다. 그러나 항상 그 중심에는 연민과 따뜻함이 배어 있었습니다. 인격은 사람을 이해하는 만큼만 깊어질 수 있습니다. 예수님의 인격이 온전하였던 것은 한편으로 사람에 대한 이해도가 온전하였기 때문입니다.

사역을 하면서 늘 마음 아프게 생각하는 것은 자신과 견해를 달리한다는 이유로 기독교계 내에서조차 비난의 목소리를 높이고 서로 상처를 주는 것입니다. 신앙인은 예수님처럼 사람을 이해하는 차원과 깊이가 다르기 때문에 마땅히 생각과 태도도 다를 수밖에 없습니다. 점점 더 세속주의에 물들어 굳어져 가는 기독교 공동체에 다시 생명의 온기를 불어넣는 길은 진정 예수님처럼 사람을 생각하고 대하는 데 있습니다.

이 책이 깊거나 얕다면 순전히 그것은 사람을 이해하는 깊이의 정도 때문일 것입니다. 독자들과 나누려고 했던 것은 사상이 아니라 사람이었습니다. 사람을 품고, 사람을 이야기하고, 사람을 노래하고 싶었습니다. 사람에 대한 비판이나 분석보다는 사람에 대한 연민과 사랑이 먼저였습니다.

페이지마다 글자의 이면에는 저의 격정과 눈물이 있고, 통한과 기도가 있습니다. 민족을 생각할 때 흥분과 슬픔이, 사회를 보면서 감사와 안타까움이 만조(滿朝)처럼 저를 채웠습니다. 언제나 격동하듯 이 사회는 사변(事變)의 사다리를 오르내리며 우리의 마음을 애달프게 하지만, 어찌하든지 오매불망 보듬고 아껴서 이 민족이 복음으로 욱일승천(旭日昇天)하는 것에 조금이라도 도움이 될 수 있다면 그것이야말로 저의 간절한 소망이요 기쁨입니다.

초라한 글이지만, 페이지마다 놓여 있는 심상(心想)의 관을 통하여 독자들과 교감할 수 있다는 것은 큰 부담이자 설렘입니다. 읽는 이마다 사람에 눈을 뜨고, 언제라도 연민과 따뜻함으로 바라보며, 사람 속에서 희망을 발견할 수 있다면 이 책은 그 몫을 다한 것입니다.

이 책에 담겨 있는 글들은 지난 일 년여 동안 국민일보에 썼던 것을 주제별로 다시 정리한 것입니다. 쓰는 내내 적지 않은 산통이 있었지만 시간이 흘러 지금은 고진감래의 은혜를 다시 생각하게 됩니다. 부족한 글에 지면을 흔쾌히 내주었던 국민일보사와 이 책을 펴내느라 수고한 모든 분들에게 감사를 드립니다.

2008년 12월

오정현

목차_

005　　프롤로그

세상을 끌어안는 빛이 되어 -1부

015　　세상을 움직이는 영적 지렛대
019　　한국의 윌버포스를 기대하며
023　　이신전신(以身傳身)의 수고
026　　악플과 자살 그리고 복음
030　　클린 인터넷 운동
034　　갈등의 치유자로 거듭나라
038　　'거룩'으로 황색바람을 걸러내라
041　　누수(漏水) 없는 인생
045　　사회를 소생시키는 생명줄
049　　세상의 빛으로 세상과 충돌하라
053　　회색지대는 없다
057　　들 포도와 좋은 포도
061　　겸손한 자기반성
065　　안일에 대한 탐닉

사람 사이로 흐르는 희망 _2부

- 073 꿈을 열어가는 사람들
- 077 챔피언을 향한 달음질
- 081 낙심 대신 믿음을 선택하라
- 085 깨어진 관계의 회복
- 089 조각난 인생의 치유
- 093 영적 서퍼(surfer)로 바꾸는 기도
- 097 타인의 행복에 눈뜨라
- 101 소음과 진동을 생명의 에너지로
- 104 인생의 꿈, 신앙의 꿈
- 108 기적을 보는 눈
- 111 사람을 살린 희망 편지

내일을 준비하는 사람들 _3부

- 119 독수리의 눈과 마라토너의 호흡
- 123 '고도의 순간 안식'을 누려라
- 127 내면의 뿌리를 깊게 내리라
- 130 그리스도인의 버킷 리스트
- 134 영원한 것에 투자하는 시간의 조각가들
- 138 하나님의 시간을 붙잡으라
- 142 영적 스몰트(smolt)를 경험하라
- 146 오만과 영적 자유
- 150 인생의 비상을 위하여
- 154 영적 성공의 계산법
- 158 마음으로 이어지는 소통의 축복

깨어나고 깨우치는 교회 -4부

- 165 　　섬김의 유전자
- 169 　　누가 너희를 꾀더냐
- 173 　　사람이 해답이다
- 177 　　민족의 마음 밭을 경작하라
- 181 　　서로 원원하는 사회
- 185 　　변화된 열 명의 그리스도인
- 189 　　'한 사람'을 키우는 일
- 193 　　디아스포라에 담긴 은혜
- 196 　　말씀의 사자를 풀어 놓아라
- 200 　　긍휼과 화해의 파종자(播種者)
- 204 　　황혼을 새벽으로 바꾸는 교회
- 208 　　삼허(三虛)와 삼실(三實)
- 212 　　교리의 재발견으로 교회의 뼈대를 세우라

역사를 품고 미래로 _5부

- 219 역사의 두께를 쌓는 사람들
- 223 건강한 영적 토대
- 227 교회가 하나 돼야 통일된다
- 231 비전 100년을 위한 인재 양성
- 235 세계 영적 지형도를 바꾸라
- 239 홍해 앞에 선 나라를 위해 기도하라
- 242 애국심과 그리스도인
- 245 위정자를 위한 4중 기도
- 249 민족의 거룩한 새판 짜기
- 252 역사에 개입하시는 그리스도
- 256 거듭난 좌금우서(左琴右書)가 필요할 때
- 260 교회의 미래를 품는 전략적 사고

1부_ 세상을 끌어안는 빛이 되어

세상을 움직이는 영적 지렛대 한국의 윌버포스를 기대하며 이신전신(以身傳身)의 수고
악플과 자살 그리고 복음 클린 인터넷 운동 갈등의 치유자로 거듭나라
'거룩'으로 황색바람을 걸러내라 누수(漏水) 없는 인생 사회를 소생시키는 생명줄
세상의 빛으로 세상과 충돌하라 회색지대는 없다 들 포도와 좋은 포도 겸손한 자기반성 안일에 대한 탐닉

세상을 움직이는 영적 지렛대

"삶은 여행(journey)이다." 빌리 그레이엄 목사가 삶의 모든 희로애락을 경험한 뒤 90세에 쓴 인생의 첫 문장이다. 성공적인 여행의 첫 단추는 철저한 준비에 있다. 그렇다면 전인미답의 여정(旅程)을 출발하는 당신에게 있는 것은 무엇인가?

내 책상 위에는 항해하는 선장의 조각상이 있다. 미국에서 사역을 시작한 지 얼마 되지 않았을 때 시골을 여행하다 손에 넣게 된 것인데, 20년이 지난 지금도 사역 여정의 안내자가 되고 있다. 자세히 보면 오른손에는 나침반이 들려 있고 목에는 망원경이 걸려 있으며, 왼손은 배의 방향을 조정하는 키를 단단히 붙잡고 있다. 이러한 조각상은 내가 사역을 시작할 때나 그 과정 속에서 불현듯 사역의 나침반을 다시 확인하게 하고, 항로에 장애물은 없는지 사역의 망원경을 살피는 동기가 된다. 이렇듯 지금 우리 손에 필요한 것은 인생의 나침반이요, 우리의 목에는 인생 항로를 멀리 내다볼 수 있는 망원경이 걸려 있어야 한다.

그러나 건축가가 좋은 설계도를 그리는 것만으로, 요리사가 훌륭한 요리법을 찾아내는 것만으로, 항해사가 첨단 나침반과 망원경을 가지는 것만으로는 무언가 부족하다.

인생에 대한 멋진 청사진을 그렸다면 이제는 거룩한 담력으로 믿음의 모험을 감행해야 한다. 인생 여정 자체가 누구도 가보지 못한 길이기에 담대한 모험심이 없다면 소원하는 목적지까지 완주할 수 없다.

사실 우리 그리스도인의 혈통에는 가치 있는 목적을 위해 기꺼이 위험을 감수하는 거룩한 모험심의 DNA가 흐르고 있다. 믿음의 조상 아브라함은 "떠나가라"는 하나님의 말씀 한마디에 고향을 떠났다. 당시 혈연사회를 떠난다는 것이 죽음도 각오해야 하는 것임을 이해한다면, 아브라함을 짓눌렀을 두려움과 그럼에도 하나님이 지시하신 땅을 향해 서슴없이 걸음을 내딛었던 믿음의 용량을 짐작할 수 있다. 그렇지만 우주 역사상 최고의 모험가는 역시 인류 구원이라는 절대 가치를 위해 하늘보좌를 버리고 인간의 몸을 입고 종국에는 십자가 죽음이라는 절대 희생의 길을 걸으신 예수님일 것이다.

이런 점에서 한국교회를 생각할 때마다 안타까움과 걱정을 누를 수 없다. 오늘날 한국교회의 침체에 대해 여러 말이 있고 나름의 근거가 있지만, 진정으로 기독교가 다시 회복해야 하는 것은 거룩한 모험심이요, 믿음의 담력이다. 세상의 상식에 갇혀 있고, 세상의 비판에 움츠리는 우리의 자세는 결코 교회의 원형질인 초대교회의 모습일 수 없다.

교회가 움츠러들면 세상의 온갖 구태와 악습이 소리를 높이고 활개 치게 마련이다. 세상을 맞서는 초대교회의 거룩한 담력이 당시 사회를 뒤엎었던 것처럼, 거룩한 모험심과 믿음의 담력으로 불타는 한국교회로 인해 우리 사회에 영적 쓰나미가 시작되는 그날을 꿈꾸어 본다.

거룩한 모험심과 믿음의 담력은 세상을 움직이는 영적 지렛대와 같다. 수학자 아르키메데스는 "나에게 서 있을 자리를 달라. 그러면 나는 지레를 이용해 지구를 움직이겠다."는 말을 했다.

지렛대가 물리적인 세상을 움직일 수 있다면 믿음의 담력과 거룩한 모험심은 우리 사회를 움직이는 영적 지렛대가 될 수 있다. 그리스도인이 선 자리는 그곳이 어디든 세상을 움직이는 아르키메데스 지점이어야 한다. 아무쪼록 섬김과 희생을 받침점으로 삼고 거룩한 모험과 믿음의 담력이라는 지렛대를 통해 당신의 인생과 가족, 이웃을 움직일 수 있기를 소망한다.

한국의 윌버포스를 기대하며

한국의 개신교사를 보면 교회가 부흥했던 시기는 기독교가 대사회적인 책임을 다했을 때였다. 20세기 초 행실이 좋지 못한 관리들은 자신이 부임하는 마을에 기독교인이 없기를 간절히 바랐다. 어떤 관리들은 기독교인을 피해 다른 곳으로 임지를 요청하는 일도 있었다. 1899년 3월 1일자 대한그리스도회보에 의하면 새로 원님으로 임명받은 한 관리가 자신의 부정이 탄로날까 봐 "나는 야소교가 있는 고을에 가기 싫소. 야소교가 없는 마을로 보내 주시오."라며 자신을 임명해 준 관청에 요구했다고 한다.

이처럼 당시 교인들은 불의한 것에 대해서는 자기희생을 무릅쓰며 시위했고, 상소를 올려서라도 굽은 것은 펴는 선한 영향력을 끼쳤다.

선거는 기독교인이 정치적으로 선한 영향력을 행사하는 소중한 기회이다. 흔히 정교분리원칙을 오해해 기독교인이 정치에 참여하는 것을 터부시하거나, 복음주의자 가운데 '정치'라는 말만 들어도 존 스토트의 말처럼 "마음속에서 빨간 경고등"을 켜는 사람들이 있는 것이 사실이다.

그러나 정치(政治)의 본래 뜻이 굽은 것을 펴고, 어그러진 것을 바르게 다스리는 것이라면, 기독교인들이 적극적으로 참여함으로 정의가 강물처럼 넘치게 하는 것은 신앙적 의무라고 할 수 있다.

왜 기독교인이 바른 정치에 적극적으로 참여해야 하는가? 사랑의교회는 매월 초 예배 가운데 공동체 고백을 하는데 고백 중에 "우리는 세상으로부터 부름받은 하나님의 백성입니다. 또한 세상으로 보냄받은 그리스도의 제자입니다."라는 말이 있다. 기독교인은 하나님의 부름을 받은 거룩한 자이지만, 동시에 세상으로 보냄받은 사람들이다. 저명한 신학자인 알렉 비들러는 신자의 이러한 이중적인 정체성을 "거룩한 세속성"이라고 표현했다. 성경에서는 이를 어둠을 밝히는 빛으로, 세상에 스며드는 소금으로 나타내고 있다.

기독교인이 정치에 참여하는 목적은 권력이 아니라 선한 영향력을 통해 우리 사회의 구석구석에 기독교적 가치를 보편화하는 데 있다. 이를 정치적으로 실천한 인물이 19세기 영국의 정치가였던 윌리엄 윌버포스이다. 그는 하나님의 형상을 가진 인간은 모두 동등한 존엄성을 가진다는 성경적 가치관에 따라 노예제도를 폐지해야 된다고 믿었다. 그러나 노예무역이 영국 국가 수입의 3분의 1을 차지했던 당시, 노예제도 폐지 주장은 영국 경제를 몰락시키려는 어리석은 몽상가의 생각으로 치부되었다. 그럼에도 불구하고 그는 온갖 생명의 위협과 인신공격 속에서도 150회에 달하는 국회연설을 통해 마침내 노예제도 폐지를 이루어냈다.

윌버포스의 생각을 사로잡았던 것은 세상적인 부와 권력이 아니라 하나님의 공의였다. 1787년 10월 28일, 28세의 국회의원이었던 그는 자신의 일기에 이렇게 썼다.

"전능하신 하나님께서는 나에게 두 가지 목표를 주셨다. 하나는 노예무역을 폐지하는 일이고, 다른 하나는 영국 사회의 악습을 개혁하는 일이다."

우리도 나랏일을 할 국회의원을 뽑을 때 혈연과 지연을 뛰어넘어 엄중한 눈과 뜨거운 가슴으로 시대의 인물을 선택해야 할 것이다. 그러면 한국의 윌버포스들이 국회의사당에서 하나님의 공의를 옷 입고 사자후를 토하게 되지 않겠는가.

이신전신(以身傳身)의 수고

 태안 기름 유출사고 때 여러 목회자와 함께 황폐화된 태안 해변을 다녀왔다. 태안의 상태는 생각했던 것보다 훨씬 처참했다. 로마서 8장의 말씀처럼 인간의 잘못 때문에 만물이 탄식하는 것을 실감하는 순간이었다. 아담 한 사람의 범죄로 온 인류가 죄의 고통을 짊어졌듯 몇몇 사람의 부주의로 천혜의 환경을 자랑하던 자연이 검은 기름을 뒤집어쓴 채 신음하고 있었다.

 해변가의 자갈에 붙어 있는 기름 찌꺼기를 힘겹게 하나씩 닦아낼 때마다 "죄는 우리의 뇌(腦)에 들러붙어 있는 콜타르 같아서 웬만한 노력으로는 떼어내기 어렵다."는 경구가 절로 생각났다. 검은 기름을 뒤집어쓴 자갈처럼 우리 영혼에 덕지덕지

붙어 있는 죄도 완전히 깨끗하게 닦아내려면 부지런히 하나씩 닦아내는 것 외에는 다른 왕도가 있을 수 없다.

무엇이든 가치 있는 것을 얻기 위해서는 반드시 값을 치르는 삶이 따라야 하는 법이다. 이심전심이라는 말이 있지만, 태안반도에 뒤덮인 기름을 제거하기 위해서는 몸에서 몸으로 이어지는 고통의 이신전신(以身傳身)이 진정 필요했다. 인간관계는 동락(同樂)보다는 동고(同苦)할 때에 더욱 밀착되게 마련이다. 그날 '한국교회봉사단'이라는 이름으로 아침부터, 보수도 진보도, 나이 드신 목사님이나 젊은 목회자도, 교회의 크기나 교단의 차이도 막론하고 모여 수고의 땀을 흘리는 가운데 우리는 하나가 되었다.

나는 신학교에서 목회란 제사장적 사역과 선지자적 사역의 끊임없는 균형의 조화라고 배웠고 또 그렇게 가르쳤다. 그런데 이러한 환경 재앙의 현장에서 나는 이웃을 섬기는 선한 사마리아의 역할이 더해질 때에야 사역에 있어 진정한 솥정(鼎)의 세 발 균형을 이룰 수 있음을 거듭 절감하였다. 그래야만 통일 시대에도 지역 간, 계층 간 갈등의 돌멩이들을 거뜬히 담아낼 수 있을 것이다. 이제 한국교회는, 세상으로 나가 모든 족속으로 제자를 삼는 대사명과 "네 이웃을 네 몸과 같이 사랑하라"는 대계명을 균형 있게 실천해야 한다.

하나님께서는 사랑의 띠로 하나 되지 못한 한국교회를 기름 띠로 묶어 주셨다. 목회자들과 함께 봉사조직을 만들어 태안을 다녀온 뒤, 주님께서 한국교회가 하나 되도록 거룩한 강제력을 발동하셨다는 느낌을 지울 수 없었다. 태안에서 기름을 제거하는 봉사는 하루만 해서 될 일이 아니었다. 장기간 지속적으로 관리하고 관심을 가져 주어야 비로소 회복될 수 있는 것이기에 그 이후로도 여러 번 태안을 방문했다. 한국교회를 사랑하고, 하나님께서 창조하신 자연을 사랑하는 사람이라면 그 섬김의 수고는 기쁨이자 즐거움일 것이다.

그날 우리는 추위 속에서 함께 손을 들고 주님 앞에서 서약하고 외쳤다. "예수님의 사랑으로 태안을 회복합시다." "예수님의 사랑으로 민족을 살립시다." 이 외침이 허공의 소리가 되지 않기를 간절히 바랐다. 이 땅에 일어나는 모든 일들에 우리 그리스도인들이 헌신적인 봉사를 마다하지 않는다면, 분명 예수님의 이름이 높아지고, 한국교회가 명실상부한 세상의 빛과 소금의 역할을 다할 수 있게 될 것이다.

악플과 자살 그리고 복음

　인격의 성숙은 사람에 대한 이해에 비례한다. 이것은 짧지 않은 목회경험에서 쌓인 인생관이다. 지식의 높이나 인생의 연수가 결코 인격을 보장하지 못하는 것은 경험적인 진리이다. 신문의 냄새나는 기사의 주인공 가운데 높은 학식과 연륜을 자랑하는 사람이 적지 않다는 사실이 이것을 잘 보여 주고 있다.

　천견박식(淺見薄識)이라는 말이 있다. 얕게 보고 엷게 안다는 뜻으로 요즘 우리 사회를 단적으로 풍미하는 말이 아닌가 한다. 지금 전 세계를 휩쓰는 경제위기보다 우리 사회를 더 위태롭게 하는 것이 있다면, 때와 장소를 가리지 않고 넘쳐나는 천박성, 특히 인간 이해에 대한 천박성이다. 이것의 결정적인 증거는 인터넷의 엄청난 악성 댓글, 소위 악플을 들 수 있다. 하루에 생산되는 악플의 양이나 저질성은 가히 세계적이라고 한다.

악플의 본질은 사람에 대한 몰이해요, 그 뿌리는 유물론적 사고이다. 사람을 계량적 가치로 평가하고, 인간의 정신 현상을 물질적 작용으로 전락시켜 비인격적으로 취급하기 때문에 인간적인 예의나 죄책감이 비집고 들어갈 틈이 없다. 악플러가 인격 살인도 서슴지 않는 이유가 여기에 있다. 상대방의 영혼을 찢고, 정신을 처참하게 난도질하고도 어둠 속에서 포악한 웃음을 짓는 것이 악플러의 모습이다.

이에 대해 사회는 심리학자나 윤리학자 심지어 정치인까지 합세해 수많은 해결책을 제시하고 있다. 그러나 악플의 근원적인 해결책은 한 생명을 천하보다 귀하게 여기는 유신론적 신앙관뿐이다. 한 생명을 구원하기 위해 자신의 목숨조차 기꺼이 십자가의 제물로 올려놓았던 예수님의 마음을 품는 사람에게 어찌 다른 사람에 대한 몰이해와 천박성이 뿌리내릴 수 있겠는가!

이런 점에서 교회의 건강성이 바로 사회를 책임지는 열쇠임을 새삼 절감하고 있다.

최근에 온 국민을 망연자실케 한 연예인들의 자살 사건을 접하면서 거의 예외 없이 교회라는 말이 언급되는 것을 보면

목회자로서 심히 민망함과 자책감을 느끼며 가슴이 터질 지경이다. 그리고 목사로서 선포하는 복음의 본질과 능력이 어떠한지 자신을 다시 돌아보게 된다. '과연 한 생명을 천하보다 귀히 여기시는 예수님의 피 묻은 복음과, 혼과 영과 관절을 쪼개는 말씀의 능력은 제대로 선포되고 있는가!'

한편으로는 이 땅에 사는 동안 '고생의 날과 환란의 떡'을 삼키지 않을 수는 없을 것이다. 이것을 견디고 이기는 비결은 어두울수록 빛을 보려는 노력에 있다.

영국의 저널리스트였던 말콤 머거리지가 인생의 무력감과 패배감, 공허감에 사로잡혀 자살을 기도한 것은 그의 나이 마흔 살 때였다. "나는 김빠진 술과 절망감에 취해 누워 있었다. 우주 속에서 나는 혼자였다. 유일한 위로인 죽음의 환상에 속아 내가 취할 수 있는 단 하나의 선택은 죽음밖에 없었다." 그래서 익사를 택한 그는 해변으로 차를 몰고가 차갑고 어두운 물속으로 걸어 들어갔다. 그러나 죽음의 문턱을 넘기 직전에 해변의 반짝이는 불빛이 그의 눈을 사로잡았다. 그 순간 정신없이 다시 해변을 향해 필사적으로 헤엄쳤고, 죽음의 문턱에서 살아 돌아온 그는 "전에는 한 번도 경험하지 못한 주체할 수 없는 황홀한 삶의 기쁨이 나를 사로잡았다."라고 고백했다. 그 후에 머거리지는 고전적인 자서전 잃어버린 시간의 이야기를 통해 자신의 삶의 B. C.와 A. D.를 감동적으로 전했다.

우리 사회에 만연한 천박성과 이로 인해 창궐하는 악플을 해결하는 길은 한 생명을 천하보다 귀히 여기시는 예수님의 마음을 품는 데 있다. 아울러 교회는 건강해져야 한다. 그래서 머거리지가 보았던 해변의 불빛처럼 세상의 광풍 속에서 익사 직전의 사람조차 삶의 황홀한 기쁨으로 인도하는 빛의 소명을 다해야 한다.

클린 인터넷 운동

문화혁명이라는 말이 있다. 사회에 문화적 대지각 변동이 일어날 때 쓰는 말이다. 우리나라의 경우 서민들의 까막눈을 연 한글 창제, 탄상차별 철폐의 터를 닦은 기독교의 전래가 그러했고, 서구의 경우 사람들이 하나님께 직접 나아가는 길을 연 종교개혁, 인종차별의 철폐가 시작된 남북전쟁이 그러했다. 그런데 지금은 기존의 문화적 범주를 뛰어넘어 정치, 산업, 교육의 모든 부분에서 전방위적인 혁명을 일으키는 문화혁명이 진행 중이다. 그 중심에 바로 인터넷이 있다.

인터넷은 우리 사회의 질서를 완전히 바꾸어 놓았다. 인터넷을 지배하는 자가 곧 세상을 지배하는 자가 되었다. 인터넷은 권력에서 소외되었던 젊은이들의 자발적인 참여와 대중의 쌍방향 소통, 언제 어디서나 시공을 뛰어넘는 커뮤니케이션을 가능하게 했다. 그런데 이렇게 세상의 근본을 뒤집을 만큼 혁신적이고 편리한 인터넷이 이제는 썩어나는 쓰레기를 가정으로 전송하는 통로가 되고 있다. 커뮤니케이션 심리학자 하이디 캠벨은 인터넷을 무제한적 잠재력을 가진 열대림이라고 긍정적으로 표현했지만, 사실 그 열대림의 밑바닥에서 무수히 많은 독버섯이 우후죽순처럼 자라고 있었던 것이다.

유사 이래로 오늘날처럼 어린 유치원생들이 음란물에 접촉하는 암울하고 무서운 시대는 없었다. 정보통신부의 조사에 따르면 만 3-5세의 아이들 중 절반이 넘는 수가 인터넷을 사용하고 있고, 7세가 되면 그 비율이 90%를 넘는다고 한다. 인간의 뇌 신경회로가 10세 미만에 완성된다는 사실에 비추어 볼 때, 이런 현상은 가히 심각할 만하다 하겠다. 이것은 결국 어릴 때 음란물과 폭력성에 중독되면 완전한 치유가 힘들다는 이야기가 된다.

12살 아이가 1,500원짜리 게임 아이템 때문에 화가 나서 친구를 옥상으로 불러내 칼로 무수히 찌른 사건이나, 초등학생 아이가 임신했다는 충격적인 소식에 성폭행의 희생자로 생각해 신고하려다 같은 초등학교 학생을 사귀면서 일어난 일임을 알고 황당해 했다는 사건의 배경에는 인터넷의 어두운 그림자가 있었다. 자라나는 아이들을 이대로 방치하면 이들이 어른 세대가 되는 날 우리는 전혀 다른 종족을 보게 될지도 모른다.

최근에 인터넷 중독으로 죽어가는 영혼과 세상을 구원하기 위한 미디어 순결운동이 시작되었다. 정결하고 감동적인 인터넷을 지키기 위해 컴퓨터 모니터에 클린 인터넷을 약속하는 인증 스티커를 붙이고, 컴퓨터 앞에 앉을 때마다 그것을 보면서 사이버 세계 역시 하나님께서 주인 되심을 선포하는 운동이다. 더 늦기 전에 다음 세대를 살리고 나라를 바르게 세우는 클린 인터넷을 위해 국가의 존망을 어깨에 지는 심정으로 이 운동에 참여해야 할 것이다.

줄탁동시(啐啄同時)라는 말이 있다. 병아리가 알에서 부화되어 나오려면 줄과 탁이 동시에 이루어져야 한다는 뜻이다. 병아리가 부화할 때가 되면 알 안에서 톡톡 쪼는 것을 '줄'이라고 하고, 어미 닭이 이 소리를 듣고 밖에서 탁탁 쪼아서 부화를 돕는 것을 '탁'이라고 한다. 인터넷의 음란성과 폭력성 그리고 중독성이라는 알에 갇힌 우리의 자녀들이 밖으로 나오고 싶어도 그들만의 힘으로는 역부족이다. 이때 부모는 밖에서 껍질을 쪼는 어미 닭처럼 아이들이 인터넷의 껍질을 깨고 나올 수 있도록 도와야 한다. 그러므로 인터넷 미디어 순결운동은 영적인 줄탁동시라 할 수 있다.

  우리의 작은 노력을 통해 자녀 세대가 인터넷의 음란물과 폭력물로부터 자유를 선포하는 거룩한 첫걸음을 뗄 수 있다면, 인터넷 미디어 순결운동은 암울한 우리 사회의 미래를 밝게 해 주는 시대적 사명을 다할 수 있을 것이다.

갈등의 치유자로 거듭나라

　지금 우리 사회는 점점 더 갈등의 수렁으로 빠져들고 있다. 계층 간, 지역 간, 세대 간, 노사 간, 이념 간의 갈등은 상호 간에 적대감을 재생산하면서 국가의 에너지를 회복 불능의 상태로 소진시키고 있다. 창조적으로 사용되어야 할 국가 에너지원이 갈등의 늪에서 고갈되어 그 밑바닥까지 드러내는 것을 보는 것만큼 비통함을 자아내는 것도 없을 것이다.

　우리에게는 이미 역사적으로 아집에 사로잡힌 집단 간의 갈등과 반목 때문에 국가적으로 패가망신한 사례가 있다. 임진왜란이 일어나기 전 조정에서는 일본의 상황을 정탐하고자 황윤길과 김성일을 통신사로 보냈다. 귀국한 후, 서인이었던 황윤

길은 장차 왜의 내침에 대비할 것을 주장했던 반면, 동인이었던 김성일은 침범할 동정이 없다는 상반된 보고를 했다. 그러나 동인의 세력이 강한 터여서 황윤길의 의견은 묵살되었다. 이것이 후에 국가를 황폐시키고, 백성을 초근목피로 내몰았던 임진왜란의 불행한 서막이 될 줄 누가 알았겠는가? 우리는 이 이야기를 접할 때마다 그 당시의 편협한 당파에 사로잡힌 위정자들을 탓하지만, 이것은 바로 지금 우리 사회에서 공공연히 벌어지고 있는 안타까운 현실이다.

내 것이 아니면 안 되고, 내 방식이 아니면 받아들일 수 없다는 주장은 찰스 스탠리 박사의 말대로 세상에서 최고의 바보 놀음인지 모른다. 그는 갈등의 원인으로 아집과 불신으로 뭉쳐진 교만을 첫째로 꼽았다. 아집에 사로잡혀 "나는 내 방식(My Way)대로 이길 것이다."라고 믿는 것만큼 바보 같은 짓은 없다는 것이다.

아집과 불신에 사로잡힌 자의 인생이 얼마나 비극적으로 끝나는지는 데니스 퍼킨스가 쓴 새클턴의 서바이벌 리더십에도 잘 나타나 있다. 1913년 7월 북극 탐험을 떠난, 바렛 선장이 이끄는 칼럭 호의 대부분의 선원들은 얼어 죽거나 영양실조로 죽었고, 한 명은 권총으로 자살했다. 퍼킨스는 상호 불신과 갈등이 그들을 죽음으로 내몰았다고 말한다. 대원들은 서로 노획물을 몰래 감춘다고 비난했고, 실제로 사냥감을 잡은 사람은 몰래 감추고 혼자 먹거나 조금밖에 잡지 못했다고 거짓말을 했다. 갈등이 증폭되자 마침내 한 대원이 격분해 동료를 총으로 쏴 버리겠다고 위협했고, 얼마 후 한 대원이 총에 맞은 시체로 발견되었다. 칼럭 호의 사례는 갈등 해소 능력 부족이 파괴적 결과를 낳은 수많은 사건 중 하나에 불과하다.

그러나 이 책에는 칼럭 호와는 정반대의 이야기도 소개되어 있다. 1914년 남극 대륙의 꿈을 안고 새클턴의 인듀어런스 호가 27명의 대원을 태우고 출항했다. 탐험 327일째인 1915년 10월 27일, 새클턴의 배 역시 남극의 부빙에 배가 난파하면서 칼럭 호와 같은 운명에 처했다. 그러나 난파된 지 1년 후, 위슬리 선장의 마지막 항해 일지는 다음과 같이 적고 있다. "1916년 8월 30일 모두 무사하다!" 이들이 극한의 상황에서도 한 사람도 낙오되지 않고 살아남을 수 있었던 비결은 새클턴의 리더십 아래 갈등 극복과 상호 신뢰를 끝까지 놓지 않은 데 있었다.

과거 역사에서 교훈을 얻지 못하는 민족이나 사회는 미래가 없다. 만일 지금 우리 사회에 소용돌이치고 있는 갈등의 악순환을 끊지 못한다면, 우리를 기다리고 있는 것은 21세기 판 임진왜란의 수치일 것이다. 불신과 아집과 거짓말은 갈등을 심화시킬 뿐이며 그 결과는 공멸이다. 자신의 집단만을 끌어안는 굽은 손과 자신의 성(城)만을 살피려는 굽은 눈으로는 결코 우리 사회의 진액을 빨아들이는 갈등의 늪에서 헤어날 수 없을 것이다.

자기의 유익을 주장하는 사람은 갈등을 얻고, 천하의 유익을 주장하는 사람은 천하를 얻게 된다는 말이 있다. 남을 나보다 낫게 여기는 겸손과 서로의 발을 씻기는 섬김의 정신만이 마성에 사로잡힌 갈등을 치유할 수 있을 것이다. 나 한 사람부터 갈등의 유발자가 아니라 겸손과 섬김의 정신을 통해 갈등의 치유자로 거듭날 수 있기를 바란다.

'거룩'으로 황색바람을 걸러내라

요즘 공기청정기가 가정의 필수품이 될 정도로 깨끗한 공기를 마시는 것에 많은 관심이 쏠리고 있다. 오염된 공기로 인한 문제점이 보도될수록 이런 현상은 더 심화될 것이다.

그러나 오염물질과 미세먼지에는 호들갑을 떨 정도로 예민하게 반응하면서 정작 우리의 영혼과 일상의 삶에 깊숙이 불어 닥치고 있는 세속의 황색바람으로부터는 어떻게 자신을 지키고 있는가?

우리나라는 이미 세계적인 이혼증가율을 보이고 있고, 청소년 음주, 흡연율도 세계적으로 높다. 뿐만 아니라, 외국인들에게는 찬탄의 대상이 되고 있는 초고속 인터넷망은 이제는 정보가 아닌 음란과 부패를 광속(光速)으로 사회 곳곳에 전염시키고 있다. 일상화된 음란과 부패 문화는 시간이 지날수록 가속화된 위력을 발휘하여 통계수치를 보는 것이 두려울 정도다. 급증하는 성범죄에는 우연치 않은 영적 배경이 있음을 두 눈을 뜨고 보아야 한다. 어떻게 하면 세속의 황색 회오리바람으로부터 우리 자신과 가정은 물론 사회를 보호할 수 있을까?

정답은 교회의 거룩함을 회복하는 데 있다. 교회가 거룩함을 회복해야만 사회의 오염된 황색바람을 정화하는 영적 청정기의 역할을 제대로 할 수 있는 것이다. 교회가 믿음과 소망과 사랑이라는 삼위일체로 세워져 있다고 해도 '거룩'으로 사회의 황색바람을 걸러내지 못하면 예수님의 책망을 받을 수밖에 없다.

요한계시록에 나오는 두아디라 교회는 기독교의 가장 아름다운 미덕인 믿음과 소망과 사랑으로 활짝 핀 꽃동산과 같았다. 그러나 예수님은 이 교회를 책망하셨다. 교회가 도덕적으로 오염된 세속문화와 타협했다는 이유 때문이었다(계 2:20). 존 스토트는 거룩을 상실한 두아디라 교회가 화려한 꽃동산 속에 독초를 방치한 교회였고, 건강한 몸에 악성종양을 키운 교회였다고 말했다. 거룩을 상실한 교회는 더 이상 하나님의 교회일 수 없다.

한국교회는 이 사회의 모든 오염물질을 걸러내는 최강의 영적 청정기가 되기 위해 거룩함으로 무장해야 한다. 교회의 사회적 자정 능력은 '거룩'에 있다. 이를 위해 우리는 먼저 떨림과 두려움으로 하나님 앞에 서야 한다. 세상의 가치를 거부하고 거룩을 붙잡은 교회는 생명의 능력이신 그리스도를 선물로 받는다. 예수 그리스도를 통해 한국 사회의 부패하고 음란한 모든 것이 쪼개지고 태워져 새롭게 되기를 원한다.

누수(漏水) 없는 인생

언젠가 서울시에서 수돗물의 누수량을 통계 낸 적이 있었는데, 상수원에서 가정의 수도꼭지까지 가는 도중 상수도관이 파열되거나 구멍이 나서 새는 수돗물의 누수량이 상당했다. 그런데 누수는 수돗물에만 있는 것이 아니다. 권력에 누수가 생기면 레임덕이 되어 정치권이 혼란스러워지고, 금융에 누수가 생기면 사회의 근간을 뒤흔드는 치명적인 금융 사고마저 발생할 수 있다. 공교육에 누수가 생기면 사교육이 활개를 치게 되고, 법치에 누수가 생기면 불의가 기승을 부리게 된다.

그런데 이러한 누수는 우리의 인생에도 일어날 수 있다. 곳곳에 깨지고 구멍 난 인생관 때문에 금쪽같은 시간은 의미 없이 낭비되고 인생의 에너지는 알게 모르게 고갈되어 버린다. 우리나라의 인생 누수율은 세계 최고에 달하고 있다. 흔히 자살률이 높기로는 스웨덴이나 노르웨이를 들고 있지만 우리나라의 자살률이 이들 나라보다 배나 많다는 사실은 별로 알려져 있지 않다.

이처럼 인생의 누수율이 높은 사회일수록 그 기반은 붕괴의 위험을 안고 있으며 이미 우리 사회는 그 조짐을 보이고 있다. 세대 간, 계층 간의 갈등과 반목이 점점 더 날카로운 대립각을 세우면서 사회적 에너지가 소모적인 누수현상을 보일 것이며 구멍 난 사회는 블랙홀처럼 사회의 모든 기운을 빨아들여 고갈시킬 것이다.

만일 계속되는 누수를 제대로 잡지 못하면 지반 붕괴나 나아가 건물에 치명적인 손상을 일으킬 수 있다. 한때 미국의 최고 할인점이었던 K마트는 법정관리 신세로 전락한 반면 시골지역에서나 볼 수 있었던 월마트는 오늘날 세계 최우량 기업으로 등극하였다. 그런데 흥미로운 사실은 이와 같은 결과가 K마트가 월마트에 엄청난 차이로 뒤졌기 때문이 아니라 각 사업영역(물류 홍보 자재 영업 등)에서 단지 2-5% 정도가 모자랐기 때문이라는 것이다. 예를 들면 월마트는 애틀랜타의 본사에서 물건을 싣고 캘리포니아로 왔다가 다시 본부로 돌아갈 때 빈 컨테이너로 돌아가지 않았다. 그런데 K마트는 캘리포니아로 왔다가 빈 컨테이너로 돌아가는 일이 잦았다. 처음에는 별 것 아닌 것처럼 보이는 이런 누수가 한 기업의 명운을 갈라놓았던 것이다.

그러므로 지금 우리 사회나 개인이 겪고 있는 위기를 해결하기 위해서는 먼저 사회적으로, 개인적으로 알게 모르게 빠져나가는 누수를 잡고, 본질과 비본질을 구분하는 삶을 살아야 한다.

비본질적인 것에 에너지를 낭비하는 것도 일종의 누수현상이다. 그리고 작은 것에서부터 낭비하지 않는 인생을 사는 것이 누수 없는 인생을 사는 비결이다.

오래전에 고 안이숙 사모님과 몇 년 동안 미국에서 함께 사역한 적이 있었다. 안 사모님은 컵에 담긴 물은 반드시 끝까지 마시는 버릇이 있었는데 식사 후에 그 분이 했던 말을 지금도 잊을 수 없다.

"저는 이렇게 기도합니다. 하나님, 저는 물 한 방울도 다 마시오니 제 인생 늙었다고 낭비하지 말게 해주옵소서."

이 말은 평생 내 가슴에 새겨진 도전이 되었다.
진정으로 우리 사회가 물 한 방울도 낭비하지 않겠다고 기도하는 인생으로 가득 차기를 바란다. 우리 모두 누수 없는 인생을 통해 후회 없는 인생으로, 한 걸음 더 나아가 이웃을 위해 베풀고 사는 인생으로 거듭날 수 있기를 소원한다.

사회를 소생시키는 생명줄

전 세계가 어려운 경제 상황에 처하면서 "신용 경색"이라는 말이 적잖게 회자되고 있다. 경색이라는 말은 혈관이 혈전 따위로 막히는 것을 의미하는데, "신용 경색"이라 함은 신용이라는 혈관이 꽉 막혀 신음하고 있다는 의미일 것이다.

경색이 무서운 것은 결정적인 고통이 시작되기 전까지는 정상처럼 보이다가 일단 조짐이 시작되면 치명적인 결과를 낳는다는 것이다.

막히고 닫힌 사회는 행복할 수 없다. 이미 우리 사회는 곳곳에 경색의 조짐이 보이고 있다. 한국노동패널 조사를 분석한 자료에 따르면 2000년 이후로 상위계층과 하위계층의 양극화는 더욱 심화되었고, 경제활동인구 10,000명을 조사한 결과 건강불평등에 따른 소득격차도 갈수록 악화되고 있다고 한다. 양극화의 흐름이 지금처럼 지속된다면 언제 사회적인 뇌관이 터져서 돌이킬 수 없는 치명상을 입을지 모른다.

사회 곳곳에 막혀 있는 계층 간의 혈전을 녹이고 뚫는 것은 '베풂'에 있다. 주는 삶, 베푸는 삶은 우리 사회가 동맥경화증에 걸리지 않고 건강한 피의 순환을 촉진하는 최고의 명약이다. 탐욕의 기름기로 범벅이 된 탁하고 끈적한 피는 사회의 혈관을 구석구석까지 돌 수 없다. 베풂은 사회 경색의 원인인 물질주의를 극복하는 대안이기도 하다. 사회의 수준은 사람들의 물질관에 비례하는 법이다. 물질에 대한 우리의 의식이 인생의 격과 질을 결정한다는 점에서 바른 물질관을 동기부여하는 베풂이야말로 경석으로 막혀 있는 우리 사회를 살리는 일등공신이라 할 수 있다.

건전한 물질관과 건강한 정신은 수레의 양 바퀴와 같다. 유명한 심리학자 칼 메닝거는 베푸는 사람들 가운데 정신질환을 앓고 있는 자는 찾기 어렵다는 임상 결과를 제시하기도 했다. 이는 당연한 것이다. 정신병은 주로 자신의 생각에 갇힌 자에게서 나타나는 것인데, 다른 사람에게 열려 있는 관대한 영혼에게서 정신질환의 바이러스가 자랄 수 없는 것이다.

그리스도인은 태생적으로 자선과 베풂의 체질을 가지고 있다. 왜냐하면 베풂의 원조는 하나님이시기 때문이다. 하나님은 자신의 전부인 예수님을 우리에게 주셨다. 하나님은 맨 처음 베푸신 분이시며 가장 후히 베푸신 분이시다. 그러므로 하나님의 자녀 된 그리스도인들이 가진 것을 나누고 베푸는 것은 당연지사요 신앙적 권리이기도 하다.

베풂에는 기적의 요소가 있다. 우리가 하나를 베풀면 예수님은 거기에 손을 얹어 축사하시고, 그것을 열 배, 백 배의 기하급수적 은혜로 나누신다.

한 소년이 떡 다섯 덩어리와 물고기 두 마리를 예수님께 드림으로써 수많은 사람들이 허기진 배를 채웠던 오병이어의 사건은 베푸는 자에게 주시는 은혜의 정수를 보여 준다. 소년 역시 허기져서 자신의 먹을 것을 내어놓기가 말처럼 쉽지 않았을 것이다. 그러나 자신을 위해 숨기고 움켜쥐려는 당연한 욕구와 내면의 유혹을 억누르고 자신의 것을 내어놓았을 때, 자신은 물론이요 수백 수천의 사람들의 배고픔이 채워지는 것을 보면서 소년은 일평생 삶의 뼈대가 될 베풂의 기적을 누리며 살았을 것이다.

이렇게 베풂의 정수를 맛보았던 오병이어 소년의 은혜가 양극화라는 경색으로 치닫는 우리 사회에 무엇보다 절실하다. 몸과 마음이 시린 어려운 이웃에게 내미는 베풂의 손길이야말로 계층 간의 꽉 막힌 혈관을 뚫고 이 사회를 소생시키는 생명줄이며, 또한 "주는 자가 복이 있다"는 예수님의 말씀을 경험하는 축복의 길이다.

세상의 빛으로 세상과 충돌하라

한때 '생각의 속도'라는 말이 대중의 주목을 받은 적이 있다. 10년 전쯤 마이크로소프트 회장이었던 빌 게이츠가 동일한 제목의 책을 쓰면서 유행하게 되었는데, "다가올 10년이 지난 50년보다 훨씬 더 큰 변화를 겪게 될 것"이라는 책의 첫 문장은 21세기의 미래상을 통찰한 명문(名文)이 되었다. 그만큼 세계는 오늘의 하루가 어제의 일주일에, 내일의 하루가 오늘의 일주일에 맞먹는 변화의 가속도를 밟고 있다.

그런데 이처럼 생각의 속도로 변화하는 세상임에도 "이 사회는 정말 변화되어야 한다."는 이상한 역설에 많은 사람이 공감하고 있다. 우리는 세상의 변화에 내재되어 있는 긍정과 부정의 요소를 산술적으로 정확하게 계산할 수는 없다. 그러나 분명한 것은 믿지 않는 사람들조차도 변화의 궤도나 방향에 무언가 이상이 있다고 불안을 느낀다는 사실이다. 왜 그럴까? 하나님의 형상으로 지어진 인간이 세상의 급속한 변화에서 본능적으로 하나님에게서 점점 멀어지고 있음을 느끼기 때문이다.

시간이 흐를수록 세속화로 흐르는 세상은 브레이크가 고장 난 자동차처럼 사회 곳곳에서 하나님으로부터 멀어지는 변화의 빅뱅이 일어날 것이다. 세속화의 거대한 중력의 흐름을 돌이키는 것은 인간의 힘으로는 불가능하다. 헨리 나우웬은 이를 정확하게 지적하고 있다.

> "성욕, 물욕, 일상사의 안락 그리고 세상의 권세에 대항하는 것은 엄청난 힘을 소비한다. 이러한 세속의 힘보다 열 배는 더 매력적인 것이 있지 않는 바에야 어떻게 계속 'No'라고 할 수 있을까?"

이것은 우리의 힘으로는 할 수 없으며 예수님의 능력에 의지하는 수밖에는 다른 길이 없음을 말해 준다. 성경을 보면 예수님은 자신을 길, 진리, 생명, 빛으로 은유하셨지만 우리를 향해서는 한 번도 "너희는 세상의 길이요, 진리요, 생명이다"라고 말씀하신 적이 없다. 그런데 자신을 "세상의 빛"이라고 말씀하시면서 그의 제자들을 향해서도 동일하게 "너희는 세상의 빛이다"라고 말씀하신다. 여기에는 큰 의미가 있다. 우리는 예수님처럼 길이나 진리나 생명은 될 수 없지만, 빛이신 예수님을 우리 속에 담기만 하면 소명자로서 세상의 빛이 될 수 있는 것이다.

이 거대한 세속화의 물결을 돌이키는 길은 세상의 빛으로 세상과 충돌하는 것이다. 악을 조장하고, 젊은 영혼을 타락시키고, 가정을 붕괴시키는 세상의 관습과 관행이라는 거대한 골리앗에 다윗의 물맷돌처럼 부딪혀야 한다.

세상을 바꾸는 것은 세상과 충돌하는 한 사람의 소명의식과 집중력이다. 제임스 돕슨은 '포커스 온 더 패밀리'(Focus on the Family)를 통해 가정을 붕괴시키는 세속적인 관습과 충돌하였다. 그 결과 이 한 사람 때문에 미국의 수많은 가정이 회복되는 역사가 일어났다.

세속화의 바퀴로 질주하는 세상은 비범한 인물의 부딪힘으로만 멈추거나 깨지는 것은 아니다. 도슨 트로트맨은 평범한 사람이었다. 그는 샌디에이고의 항구에 들어오는 수병들이 술과 여자로 인생을 허비하는 것을 보고 안타까운 마음이 들었다. 그래서 그는 자신이 암송하는 열두 성경구절을 나누거나 그들을 집으로 초청해 예수님을 전했다. 그러는 동안 샌디에이고의 항구가 뭔지 모를 신령한 힘으로 변화되는 것을 본 사람들이 함께 동참하면서 네비게이토라는 선교단체가 창설되었고, 그 결과 절망에 빠진 수많은 인생이 주님께로 돌아오는 역사가 일어났다.

우리가 세상을 변화시키지 못하는 이유는 세상과 충돌하지 않기 때문이다. 내가 서 있는 그 자리에서 세상의 빛으로 세상과 충돌하라. 이것이 세상의 약한 자인 우리가 세상을 이기는 진정한 영적 강자로 거듭나는 길이다.

회색지대는 없다

"그리스도인에게 회색지대는 없다." 대학생 시절에 귀가 아프도록 듣고 나누었던 말이다. 그리스도인의 삶은 하나님 편에 서든지, 세상 편에 있든지 둘 중 하나이며, 하나님과 세상이 절묘하게 공존하는 지대는 없다는 말이다. 이것은 "나와 함께 아니하는 자는 나를 반대하는 자"라고 선언하신 예수님의 말씀 속에도 나타난 진리이다. 이 말씀에는 전장에 나서는 영적 군사의 팽팽한 긴장과 발을 헛디디는 순간 생명을 잃을 수도 있는 절박한 위기감이 배어 있다.

그러나 요즘 교회나 신앙인에게는 회색지대가 넘쳐나고 있다. 신자들이 교회 밖에서 모일 때 보면 예수 믿는 사람의 모임인지, 세상 사람의 모임인지 알 수 없을 때가 많다. 사용하는 용어나 내용은 물론이요, 분위기나 장소 등도 별반 다르지 않다. 이처럼 믿는 자들을 회색지대로 몰아넣고 머리카락 잘린 삼손처럼 무기력하게 만드는 것은 '세상에 취함'과 '세상에 대한 두려움'이다. 이것들이 교회나 신자의 삶을 서서히 침몰시키고 있는 것이다.

취한 자의 특징은 방향 감각을 상실한 것이다. 앞으로 가려고 발걸음을 내딛지만 실상은 옆으로 가거나 뒤로 물러설 뿐이다. 이것이 바로 세상의 쾌락에 취하고, 첨단 과학의 발전에 취하고, 세상의 감언이설에 취한 채 세속주의의 물결 속에서 한 발자국도 앞으로 나아가지 못하는 그리스도인의 모습이다. "술 취하지 말라. 이는 방탕한 것이다"라는 말은 C_2H_5OH로 통칭되는 알코올에만 국한된 것이 아니다.

취한 자에 대한 세상의 태도는 경멸이다. 언젠가 모 방송국에서 추리소설에나 등장할 법한 내용을 가지고 기독교를 왜곡하고 적대시하는 내용을 방송한 적이 있다. 이것은 반기독교적인 거센 흐름의 작은 돌출에 불과하다. 이러한 모든 반기독교적인 행태의 밑바닥에는 세상에 취한 기독교를 무시하고 경멸하는 조소가 있다. 이미 성경은 "만일 소금이 그 맛을 잃으면 밖에 버려져 사람에게 밟힐 뿐이니라"고 분명하게 말했다.

세상에 취함이 세상의 경멸을 불러온다면, 세상에 대한 두려움은 신앙의 위축을 가져온다. 오늘날 교회는 골리앗의 블레셋 군대 앞에 서 있는 이스라엘 군대처럼 세상에 대한 두려움으로 떨고 있는 듯 보인다. 두려움에 사로잡힌 이스라엘 군대는 하나님께서 자신들과 함께하심도 잊어버릴 정도로 위축되어 있었다. 토저 목사님은 "오늘날 그리스도인들이 두려움에 사로잡혀 세상 앞에 침묵을 지키는 것은 하나님의 영광을 가리는 것이다."라고 말했다.

교회가 세상적 가치관에 맞서는 것을 두려워하는 일례로 강단에서 점차 혼전 순결이나 동성애자에 대한 언급이 사라지는 것을 볼 수 있다. 약자를 돕고 그들의 상처를 치료하는 것이 교회의 마땅한 몫인 것처럼, 반성경적인 모든 굽은 것을 엄히 경계하고 바르게 펴는 것 역시 교회의 당연한 몫이다.

그리스도인의 삶에 회색지대는 없다. 신앙인의 삶은 투쟁이요, 갈등이며, 생사를 건 전쟁과 같다. 영적 전장에서는 전진하지 않으면 퇴보만 있을 뿐이다. 전투는 용기와 인내와 힘 없이는 이길 수 없다. C. S. 루이스의 말처럼 썩은 계란으로는 아무리 요리해도 훌륭한 오믈렛을 만들 수 없다. 회색지대에서 서성거리는 신앙은 세상의 경멸과 조소를 불러올 뿐이다.

몸은 죽여도 영혼은 능히 죽이지 못하는 자들을 두려워하지 말고 오직 몸과 영혼을 능히 지옥에 멸하실 수 있는 하나님을 두려워하자. 그럴 때 세상에 취함과 세상에 대한 두려움에서 벗어나 세상을 제압하는 신실한 신앙인으로 힘찬 발걸음을 내디딜 수 있을 것이다.

들 포도와 좋은 포도

　우리가 생각하고 꿈꾸는 가정은 봄처럼 따뜻하고 포근한 것이다. 5월의 바람처럼 향기롭고 대지의 생명력이 넘치는 가정에는 그늘짐이나 냉기가 없고, 소망으로 가득하다. 그러나 오늘날 가정의 현주소는 실로 참담하다. 대구에서 발생한 '초등학생 집단 성폭력' 사건은 우리 사회의 일그러진 얼굴의 단면일 뿐이다.

　실패학에는 한 가지의 결정적 문제가 수면 위로 드러나기까지는 300건의 유사한 사건이 수면 아래에 존재하고 있다는 '하인리히의 법칙'이 있다. 이것은 우리 사회를 경악시킨 초등학생 집단 성폭력 사건의 이면에는 우리가 인지하지 못했을 뿐이지 이미 수십, 수백 건의 유사한 일들이 어디선가 일어났으며, 지금도 일어나고 있다는 무서운 사실을 의미한다.

그렇다면 우리는 어떻게 해야 하는가? 이미 이러한 사건을 접할 때마다 가정의 회복만이 유일한 해결책이라는 사실에 공감하면서도 어디서부터 시작해야 할지 모르는 혼란스러움과 경험적 무력감에 손을 놓고 있다.

현실적으로 가정을 회복하기 위해서는 신앙적으로 건강한 아버지 상을 회복하는 것에서부터 시작할 필요가 있다. 한 언론인은 30년이 넘도록 사건 사고를 접하면서 불행한 그들에게는 아버지의 직·간접적인 영향이 있었고, 특히 아버지의 부재가 결정적 원인이었음을 알고 놀랐다는 말을 한 적이 있다. 크게 공감이 되는 말이다.

요즘 큰 사회적 이슈가 되고 있는 동성애자들의 경우, 어릴 때부터 아버지의 친밀한 스킨십을 경험하지 못하고, 아버지로부터 축복의 말을 듣지 못한 것이 주요 원인이라는 보고가 있다. 충분히 근거 있는 이야기라 생각한다. 나 역시 부모가 자식을 안고 축복하는 가정에서 이런 일로 고통당한다는 말을 지금껏 들어본 적이 없다.

그러므로 기회가 닿는 대로 자녀를 품에 안고 축복하는 기도를 하라. 영적으로 둔한 자식이라도 아버지로부터 축복받기를 얼마나 원하는지는 창세기에 나오는 에서만 보아도 알 수 있다. 형 에서가 동생 야곱에게 아버지 이삭의 축복을 빼앗긴 것 때문에 얼마나 대성통곡을 했는가.

아울러 아버지는 자녀가 거룩한 상처를 견디고 일어설 수 있도록 자녀에게 신앙적인 매를 들 수 있어야 한다. 자녀가 실패하고 상처받는 것을 두려워해서 금지옥엽으로 키우는 것은 나중에 자녀로부터 현대판 고려장을 당하는 지름길임을 알아야 할 것이다.

나는 어릴 때 부친으로부터 받은 거룩한 상처가 이후에 나를 붙들고 세우는 뼈대가 되었음을 기억하고 있다. 내가 잘못하고 부족할 때 부친은 이사야 5장 2절 말씀으로 내게 거룩한 상처를 주었다.

"내가 너에게 좋은 포도 맺기를 바랐더니 들 포도를 맺었도다."

그 후 삶에서 문제에 부딪힐 때마다 이 말씀을 기억하고 "하나님 아버지, 제가 부족하지만 들 포도 인생이 되지 말게 하시고, 극상품 포도가 되도록 불쌍히 여겨주시옵소서." 하고 기도하면서 나 자신을 추슬렀다.

우리의 자녀가 들 포도가 아니라 좋은 포도를 맺기를 바란다면, 지금부터라도 할 수 있는 대로 그들을 품에 안고 축복하

라. 예수를 주(主)로 고백하는 가정마다 신앙적인 건강한 아버지상을 회복하여 믿음의 자녀들이 이 시대를 변화시키는 극상품 포도로 맺혀지기를 간절히 바란다.

겸손한 자기반성

비행기가 이륙 후 어느 지점에 다다르면 그때는 이미 연료가 부족해 출발지로 돌아가려 해도 돌아갈 수 없는 지점에 있게 된다. 이것을 귀환 불능 지점이라고 한다. 인생이라는 등정에서도 어느 곳이 귀환 불능 지점인가를 파악하는 것이 중요하다.

인생의 시계추는 한 바퀴 돌아가면 다시 제자리로 돌아오는 시계바늘이 아니라 흐르는 강물처럼 지나면 다시는 돌아오지 않는 시간 위를 지나고 있다. 한번 가면 결코 돌이킬 수 없는 시간이기에 우리는 후회 없는 인생을 위해 겸손한 자기반성을 해야 한다.

'만일 지역사회의 교회가 다 없어진다면, 그 교회의 신자들

외에 교회를 그리워하는 사람이 있을까.' 밥 로버츠의 T-라이프라는 책을 읽다가 맞닥뜨린 도발적인 질문이다. 사실 이 질문은 교회가 예수님의 말씀처럼 세상에 빛과 소금의 역할을 다 했다면 매우 당연한 답을 묻는 우문이라고 할 수 있다. 그런데 목회자로서 이런 질문이 답답하고 심지어 거북하게 여겨지는 이유는 무엇일까.

사회는 교회를 유혹하지만, 유혹에 빠진 교회처럼 처절하게 버림받는 경우도 없다. 교회가 세속화되면 세속적인 사회는 천박한 동료의식으로 교회를 반길 것 같지만, 실상은 전혀 그렇지 않다.

이미 예수님은 2천여 년 전에 "소금이 맛을 잃으면 밖에 버려져 사람에게 밟힐 뿐"이라는 말씀을 통해 세속화된 교회의 말로가 얼마나 비참한지를 경고하셨다.

술에 취해 비틀거리는 사람만 추한 것이 아니다. 세상의 금권이나 권력에 취한 교회는 더 악취를 풍기는 법이다. 교회가 로마의 국교가 되고 금권과 권력에 취했을 때 4세기의 교부였던 히에로니무스는 "교회의 벽은 금으로 번쩍인다. 그러나 그리스도는 그 문 앞에서 가난한 사람의 모습을 하시고 죽어가고 있다."라고 한탄하였다.

자기반성의 힘은 사색이 아니라 실천에 있다. 역사적으로 기독교의 대각성운동은 말씀의 거울에 비춰진 자신의 추한 몰골을 깨닫는 데서 시작되었다. 19세기 영국의 웨일즈 부흥과 18세기 미국의 대각성운동, 20세기 초 아주사의 부흥 그리고 1907년 평양의 대부흥이 그러하였다. 그렇다면 지금의 한국교회는 어떠한가. 우리는 아프간 사태를 통해 뼈아픈 고통을 겪었고, 우리의 상태를 되돌아보고 하나님께 자복하며 간절히 기도했던 적이 있었다.

그리스도인의 자기반성은 자기성찰을 넘어 열정의 회복과 거룩한 꿈으로 이어져야 한다. 모세의 120년 인생을 살펴보라. 그는 처음 40년을 자신이 대단한 존재라 생각하며 살았다. 그다음 40년은 자신이 쓸모없는 존재임을 깨달으며 살았다. 그리고 마지막 40년은 하나님께서 쓸모없는 자신의 존재조차도 사용하신다는 것을 발견한 삶이었다.

모세는 화려했던 왕궁의 겉옷 속에 감춰진 초라한 자신의 몰골을 보는 진정한 자기반성을 경험했던 사람이었다. 그러나 모세의 위대함은 겸손한 자기반성을 넘어 하나님으로부터 오는 열정의 회복과 거룩한 꿈의 실현에 있었다.

지금 우리 믿는 이들에게 진정 필요한 것은 자기반성을 넘어 모세처럼 열정을 회복하고 거룩한 꿈을 다시 붙잡는 데 있다. 이럴 때 교회는 우리 사회의 그리움이 되고, 신자는 설렘의 대상이 될 것이다. 우리의 피곤한 손과 연약한 무릎을 일으켜 세우고 생명의 길로 인도하신 주님께 두 손 높여 모든 감사와 영광을 올려드린다.

안일에 대한 탐닉

"이번 금융 위기는 최근 50년간 세계에서 발생한 최악의 경제문제다." 한때 경제 대통령으로 불렸던 앨런 그린스펀 전 미국 연방준비제도이사회 의장이 한 말이다. 그의 말처럼 전 세계는 지금 금융 불안과 하루가 다르게 치솟는 고물가로 요동을 치고 있다. 기업 이익의 극대화에만 눈이 먼 투자은행들의 탐욕과, 능력 밖인데도 빚을 내서 집을 사려던 사람들의 투기심이 파행적으로 결합된 것이 서브프라임 모기지 사태를 일으킨 것이다. 그러나 이것을 깊이 따지는 것은 경제 전문가의 몫이요 문외한인 내가 거론할 영역은 아니다. 다만 나의 관심사는 사태가 이 지경이 될 때까지 숱하게 위기의 파열음과 경고등이 있었음에도 불구하고 인간의 타락한 본성을 조정하면서 우리의 눈과 귀를 닫았던 그 무엇에 있다.

당신은 위기의 속살을 해부해 본 적이 있는가? 위기를 겹겹이 싸고 있는 껍질을 벗겨내면 그 속에 '안일에 대한 탐닉'이 웅크리고 있음을 발견할 것이다. 이놈은 일상의 안일을 깨뜨리려는 것이면 무엇이든지 기를 쓰고 인간의 눈과 귀에 포착되지 않도록 기만하고 은폐하는 데 특출하다. 날마다 눈물로 국가의 위기를 경고하는 예레미야 선지자를 죽이려고 혈안이 되었던 이스라엘 지도자들을 생각해 보라. 그들은 예레미야의 외침 때문에 자신들이 누리고 있는 위장된 안일함(easygoing)이 깨지는 것을 참을 수 없었다. 그러나 안일함의 마취는 결코 오래가지 않는 법이다. 백성이 현실에 눈떴을 때에는 이미 예루살렘은 바벨론의 병거에 짓밟힌 뒤였고, 그 결과 왕은 눈이 뽑혀 끌려가는 치욕을 당했다.

이러한 위기에서 멀리 떨어져 있기를 바라는 것은 인간의 한결같은 마음이다. 하지만 약점투성이의 인간이기에 그 누구도 위기에서 자유로울 수 없다. 여기서 중요한 것은 위기의 소리를 듣는 방식이다. 그러나 바로 이 순간이 신앙과 세상이 충돌하면서 내 삶의 터닝 포인트를 결정하는 시간임을 기억하라.

다윗이 절체절명의 위기에 빠졌을 때 사람들은 "지금 악인들의 화살이 활시위에 놓여 있다. 빨리 산으로 도망가라. 터가 흔들리는 마당에 선한 사람이라고 별 수 있겠는가?"(시 11편) 하며 속히 위기에서 피할 것을 강권하였다.

목숨이 경각에 달린 사람에게 가장 현실적인 도피처인 산으로 도망가라는 말은 너무도 당연한 조언이 아닐 수 없다. 지금도 세상은 위기 속에 있는 우리에게 온갖 처세술을 쏟아내고 있다. 하나같이 인생길의 해답처럼 보여서 듣지 않으면 더 큰 위기의 구렁텅이로 빠질 것만 같다. 그러나 인생의 온갖 위기를 맞을 때 그럴듯한 처세술이 심장을 파고드는 순간에도 "나는 하나님께 피하겠다"는 다윗의 용기 있는 고백에 귀를 기울여야 한다.

신앙은 처세의 소리를 넘어서야 한다. 이것이 진정으로 한국교회가 살고 우리 그리스도인이 사는 길이다. 위기 앞에서 우리가 따라야 할 소리는 "산으로 피하라"는 그럴듯한 처세술이 아니라, 다윗처럼 "나는 산으로 도망하기보다는 내가 믿는 하나님께 피하겠다"는 믿음의 소리이다.

십자가에 매달리신 예수님은 "네가 하나님의 아들이거든 십자가에서 내려와 자신을 구원하라"는 세상의 소리에 귀를 기울이지 않으셨다. 대신 자신의 영혼을 하나님의 손에 맡기셨다. 이것이 부활신앙의 근본이다. 위기 앞에서 우리 자신을 하나님께 맡기는 사람만이 다시 일어설 수 있는 능력을 회복할 수 있다. 당신의 삶이 위기인가? 다윗처럼 하나님께 피하고, 예수님처럼 당신의 영혼을 하나님께 맡기라. 인생부활의 길이 열릴 것이다.

2부_ 사람 사이로 흐르는 희망

꿈을 열어가는 사람들 챔피언을 향한 달음질 낙심 대신 믿음을 선택하라 깨어진 관계의 회복
조각난 인생의 치유 영적 서퍼(surfer)로 바꾸는 기도 타인의 행복에 눈뜨라
소음과 진동을 생명의 에너지로 인생의 꿈, 신앙의 꿈 기적을 보는 눈 사람을 살린 희망 편지

꿈을 열어가는 사람들

시대의 변화는 어제 오늘의 일이 아니지만, 버락 오바마의 대선 출마와 당선은 그 변화의 질과 속도가 어떠한지를 상징적으로 보여 준 사건이라 하겠다. 미 대륙에서 흑인이 투표권을 따낸 지 139년 만에 이뤄진 일이요, 킹 목사가 "언젠가는 나의 아이들이 피부색에 의해서가 아니라 인격에 의해서 판단되는 날이 이 땅에 올 것이라는 꿈을 가지고 있다."라고 심금을 울린 지 45년 만의 일이다.

한 세대 전에 그 누가 상상이라도 했을까? 한 젊은 흑인이 민주당 대선후보로 지명되고 대통령이 된 사실은 어떤 정치가도, 미래학자도 예견하지 못한 일이다. 저명한 언론인은 오바마를 가리켜 "1세기에 한 번 나타날까 말까 한, 꿈을 가진 흑인 정치인이다."라고 평한 일이 있다. 작년 말부터 시작된 오바마에 대한 인기가 바람으로, 돌풍으로 그리고 광풍으로 변한 것은 그에게서 미국에 대한 꿈을 재발견하고 있기 때문이다. 오바마는 미국이 패권 국가가 아니라 존경받는 국가가 되어야 한다는 정치철학을 가지고 있다. 미국의 식자층이나 젊은이들은 군수산업이나 석유산업에 기반을 둔 팽창주의의 인질이 되어 버린 미국의 체질을 변화시키겠다는 그의 꿈과 약속에 열광적인 지지를 하고 있는 것이다.

이제는 미 정계의 아이콘이 되어 버린 오바마 대통령의 등장은 국민을 울고 웃게 만들었던 2002년 월드컵의 "꿈은 이루어진다."는 구호를 상기시킨다. 부모의 이혼과 재혼, 의붓아버지를 따라 인도네시아에서 살다가 다시 하와이에 있는 조부모의 손에서 자란 변화무쌍한 삶의 이력 속에서도 지금의 자리에 오를 수 있었던 것은 그에게 "꿈은 이룰 수 있다."는 믿음이 있었기 때문이다.

그러나 모든 꿈이 이루어지는 것은 아니다. 또 모든 꿈이 세상을 이롭게 하는 것도 아니다. 불의와 사심에 기반을 둔 꿈은 이루어질수록 세상은 상처받고 비참해진다. 세상을 변화시키는 꿈은 그 속에서 사람들이 희망을 발견할 수 있다. 이기적인 꿈, 음험한 꿈, 간교한 꿈에서는 희망을 볼 수가 없다. 당파적인 꿈, 남을 딛고서는 꿈, 유아독존의 꿈에도 희망은 없다.

세상은 꿈꾸는 자의 것이다. 꿈꾸는 힘이 없는 자는 사는 힘도 없다. 그러나 그 꿈은 자신을 넘어서고 닫힌 세상을 여는 것이어야 한다. 우리가 바라는 세상은 불가항력적인 환경 속에서 닫힌 수많은 꿈들이 다시금 희망의 꿈을 꿀 수 있도록 밀어 주고 끌어 주는 세상이다.

언론매체마다 나라가 안팎으로 어려움을 겪고 있다고 연일 보도하고 있다. 현재와 미래의 경기를 알려 주는 경기동행지수와 경기선행지수가 사상 처음으로 수개월 연속 동반하락하고 있는데, 이것은 IMF 위기 때에도 없었던 일이라고 한다. 그러나 지금 우리 사회가 암울하다면 그것은 눈에 보이는 경기침체 때문이 아니라 국가와 사회와 이웃을 위해 자신을 넘어서는 진정한 '드리머'(dreamer)를 찾기 어렵기 때문이다.

세상이 각박해지는 것은 꿈을 잃어 버리고 있기 때문이다. 세상이 천박해지는 것은 자신만을 위한 꿈이 판을 치고 있기 때문이다. 이 사회가 깊이와 품격을 갖는 길은 자신을 넘어 이웃을 살리는 살아 있는 꿈으로 채워질 때이다. 공의와 진리에 붙들린 꿈이라면 비록 시작은 미약하지만 나중은 심히 창대하게 되는 역사가 일어날 것이요, 킹 목사의 꿈처럼 한 세대가 지나서라도 반드시 이뤄질 것이다.

우리 그리스도인부터 날마다 믿음의 푸른 꿈을 가져야 한다. 자신을 넘어 이웃의 닫힌 꿈을 열어가는 꿈이 없이는 하룻밤도 잠들지 말아야 할 것이다.

챔피언을 향한 달음질

국가 간의 스포츠 경기는 민족을 하나로 만드는 힘이 있다. 베이징 올림픽에 출전한 우리 선수들의 승리와 땀과 눈물을 보면서 우리 모두 가슴 뭉클한 경험을 했다. 경기를 보면서 때로 우리의 콧등이 찡한 것은 그들의 빛나는 메달 뒤에 숨겨진 피나는 땀과 눈물을 알기 때문이다.

더욱이 시련을 딛고 선 선수들의 후일담은 우리에게 진한 감동을 자아낸다. 4년 전에 출발선상에서 실격을 당한 뒤 통한의 눈물을 보였던 선수가 세계적인 선수들과 겨루어 승리의 미소를 짓는 것을 보며 우리도 함께 웃었고, 만년 3인자라는 소리를 들으면서 절망하다 어머니의 새벽기도 소리를 듣고서 다시

훈련에 몰두해 상대 선수를 모두 한판으로 뒤집고 눈물을 뿌릴 때 우리도 함께 울었다. 훈련 중의 부상으로 은퇴까지 고려했다가 마음을 잡고 세계를 어깨에 들어올리기까지 하루에 5만 kg의 연습량이 있었다는 한 선수의 이야기를 듣고 그 땀의 무게에 숙연해짐을 느낀다.

챔피언이 되겠다는 것은 운동선수만의 꿈이 아니다. 성경은 신앙생활의 챔피언이 되고 싶어서 목숨까지 내어놓은 사람들의 이야기로 차워져 있다. 사도 바울은 "나는 선한 싸움을 싸우고 나의 달려갈 길을 마치고 믿음을 지켰으니 이제 후로는 나를 위하여 의의 면류관이 예비되었으므로"(딤후 4:7-8)라고 말했다. 특히 히브리서 12장은 신앙의 챔피언들의 보고서라고 할 수 있다.

> "이러므로 우리에게 구름같이 둘러싼 허다한 증인들이 있으니 모든 무거운 것과 얽매이기 쉬운 죄를 벗어 버리고 인내로써 우리 앞에 당한 경주를 하여"(히 12:1).

운동에서나 신앙에서나 챔피언이 되기 위해서는 두 가지가 필요하다.

첫째는 목표가 뚜렷해야 한다. 승리의 목표의식이 삶을 지배하는 사람은 본질과 핵심을 벗어난 비본질이나 부수적인 것에 땀을 쏟지 않는다. 승리를 향한 불타는 의지 앞에서 웬만한 어려움이나 고통은 더 이상 장애물이 될 수 없다. 상을 얻기 위해 달리는 것은 성경의 진리로 "너희도 상을 받도록 이와 같이 달음질하라"(고전 9:24)고 말씀하고 있다.

신앙생활이 성숙해질 때 눈 뜨는 것이 하늘의 상급에 관한 것이다. 처음 예수 믿을 때에는 '구원만 받으면 됐지.' 라고 생각할지 모르나, 영적인 상급에 눈을 뜨게 되면 하나님께서 그분의 자녀들에게 주시는 상급에 대한 열망이 함께 커지게 된다. 이 영광스러운 상에 대한 깨달음을 가진 자라면 결코 굼벵이처럼 기어가는 삶을 살 수 없다.

둘째는 철저히 육신의 생각을 죽이고 영의 생각을 좇아야 한다. 육신이 시키는 대로 하면 망할 수밖에 없다. 선수들에게 가장 큰 적은 체중이다. 실력은 있지만 체중조절에 실패해 메달의 문턱에서 넘어지는 자가 얼마나 많은가. 체중조절에 실패했다는 것은 자신을 제대로 절제하지 못했다는 말이다. 신앙생활의 가장 큰 방해꾼은 육신의 생각과 죄이다. 이런 것들로는 영적 체중조절에 실패할 수밖에 없으며, 상을 위해 달음질할 때에 주렁주렁 달린 이것들은 속력을 내는 데 방해만 될 뿐이다. 그래서 사도 요한은 육신의 욕심대로 살고, 눈의 즐거움만

탐하고, 이 세상에 취하는 사람은 하나님의 나라에 들어갈 수 없다고 말씀하고 있다.

챔피언은 불굴의 투지와 목표의식을 가지고, 자신의 몸을 쳐서 복종시키는 자의 몫이다. 우리가 하나님 앞에 설 때 패잔병이 아니라, 신앙의 챔피언으로 설 수 있기를 바란다. 세상은 백 번 잘해도 마지막 한 번 잘못하면 외면하지만, 신앙생활은 언제든지 패자부활전이 가능한 곳이다. 지금 실패해서 절망하고 있는가? 다시 일어나서 믿음의 경주를 뛰라. 하나님께서 응원하고 계신다.

낙심 대신 믿음을 선택하라

요즘 사람들을 만나 보면 겉으로는 즐겁게 이야기하지만 한 꺼풀 벗겨 보면 현실에 대한 불안, 미래에 대한 두려움이 짙게 깔려 있다. 그러나 현실이 불안하다고 해도 미래의 몫까지 두려움으로 떠안고 살 필요는 없다. 중요한 것은 위기를 진짜 위기로 파악하고 신속하게 일사즉생의 대처를 하면 되는 것이다. 100여 년 전 뉴욕은 살인과 도박과 매춘이 난무한 곳이었다. 이것은 불과 20여 년 전에도 마찬가지였다. 당시 뉴욕은 도산을 앞둔 대기업처럼 휘청거렸다. 뉴욕의 재정은 바닥난 상태였고, 맨해튼은 범죄와 마약으로 20세기의 소돔과 고모라를 방불케 했다.

그러나 몇 년 전 여행전문잡지인 트래블앤레저가 미국 전역의 25개 도시를 대상으로 설문조사를 했는데, 가장 찾고 싶은 도시로 뉴욕이 으뜸으로 꼽혔다. 이처럼 뉴욕이 마약과 범죄의 소굴이라는 오명에서 탈출할 수 있었던 결정적인 이유는 지도층이 뉴욕에 닥친 위기를 절박한 위기로 인식한 데 있었다. 그들은 더 이상 우물쭈물하다가는 뉴욕이 범죄와 마약의 깊은 수렁으로 빠질 수밖에 없다는 것을 뼈저리게 느꼈던 것이다. 그래서 뉴욕이 가장 잘하는 것을 찾아냈고, 브로드웨이 쇼를 대표상품으로 내세웠다. 이 전략은 적중했고, 관광이라는 마케팅 전략으로 비즈니스가 활발해지면서 뉴욕의 재정을 정상화시키는 데 성공했다.

암울했던 뉴욕이 생기 넘치는 변화에 성공했던 비결은 철저한 위기 인식도 한몫을 했지만, 절망적 상황에서도 낙담하지 않고 희망의 끈을 전심전력으로 붙잡은 데 있었다. 하나님께서는 때로 우리 인생에서 애지중지하는 것들에 대해 낙심하게 하신다. 우리가 영혼의 눈을 감은 채 세상의 즐거움에 취해 있을 때 우리를 벼락처럼 깨우시려고 인생의 가장 좋은 것에 실망하도록 이끄시는 것이다.

지금 절망 가운데 있는가? 에스겔의 환상을 기억하라. 하나님께서는 이스라엘 백성의 불신앙에 낙담해 있던 에스겔을 경치 좋은 곳으로 부르지 않으셨다. 그보다는 아무것도 없는 황량한 해골 골짜기로 인도하셨다. 눈을 들어 볼 수 있는 것은 마른 뼈들이 전부였다. 천지사방을 돌아보아도 도무지 아무짝에도 쓸모없는 뼈들뿐이요, 살 소망이라고는 조금도 없는 곳이었다.

그러나 여기에 말씀의 생기가 임하자, 무덤 속에서 죽은 자 같았던 자들이 소생하는 역사가 일어났다. 광야 길 같은 인생사에서 마른 뼈나 해골 같은 낙심할 환경과 고통을 만났다면, 에스겔의 해골 골짜기에 임하신 하나님께서 내 삶에 불어넣어 주실 생기를 기대하라. 그리고 믿음의 순종을 선언하는 기도를 하라.

> "나는 낙심되는 상황에서도 낙심을 선택하기보다는 하나님을 향한 신뢰의 끈을 붙들겠습니다. 나는 인생의 곤비한 언덕에서도 자기 연민에 빠지기보다는 끝까지 주님을 향해 초점을 맞추겠습니다. 나는 절망의 구렁텅이에서도 나보다 더 어려운 사람을 섬김으로 하나님께서 함께하는 자의 증거가 되겠습니다."

절망적인 상황에서도 주님께 시선을 둔다는 것은 현재의 처지가 어떠하든지 인생의 해석을 주님께 맡긴다는 것을 의미한다. 이렇게 할 수만 있다면, 낙심의 마른 뼈는 상처투성이의 삶을 향기롭게 하는 은총의 증거가 되고, 다시 일어서게 하는 회복의 디딤돌이 될 것이다.

깨어진 관계의 회복

 인생은 혼자만의 힘으로 살기엔 너무 버겁다. 인간은 섬이 아니다. 그러기에 여러 사람들과의 관계 속에서 기쁨을 갖지 않으면 이 세상을 살아가는 것이 힘들게 되어 있다. 그런데 행복을 위해 맺어진 관계 때문에 오히려 얼마나 상처받고 절망하는지 모른다. 대개의 경우 낯선 사람보다는 가까운 관계일수록 그 속에서 더 큰 상처와 고통을 받는다는 사실은 관계의 아이러니이다.

 부모와 자식, 부부가 함께하는 가정의 관계는 모든 관계의 기본이자 행복의 열쇠이다. 우리는 세상에서 모든 부와 권세와 명예를 가진 사람이라도 가정이 불행한 사람을 두고 그 일생을 행복했다고 말하지는 않는다. 그러나 가진 것이 없고 내세울 것이 없는 사람이라도 가정이 화목하다면 서슴지 않고 그런 사람을 행복한 사람이라고 부른다. 그래서 대문호 괴테는 파란만장한 삶을 살고 나서 "임금이든 농부이든 자기 가정에서 기쁨을 찾는 자가 가장 행복한 자"라고 고백한 것이다. 이것은 인간사의 행복이 가족이라는 관계에 크게 달려 있다는 말이다.

한번 무너진 가정, 찢겨진 관계가 다시 회복되는 것은 쉬운 일이 아니다. 사실 죄성을 가진 고집스러운 인간에게는 거의 불가능에 가깝다. 성경의 대표적인 역기능 가정인 야곱의 집이 그랬다. 어느 집보다도 거짓과 술수와 속임수가 난무했던 집이었다. 요셉을 편애했던 야곱은 다른 모든 자식들로부터 철저히 버림받았고 형제들은 애걸하는 동생을 노예로 판, 소위 파멸의 종착점으로 달려가는 가정이었다. 현실적으로 이처럼 망가지고 깨어진 가정이 회복할 수 있는 길은 없다.

그런데 회복 불가능해 보이던 이 가정이 변했다. 예전에 요셉의 채색 옷을 찢어 동생의 죽음을 위장했던 형제들은 막내 베냐민을 위해 자신의 옷을 찢는 사람으로 변했다. 아버지를 속이는 데 앞장섰던 유다는 베냐민을 위한 애끊는 탄원에서 열네 번이나 아버지의 이름을 부를 만큼 효성이 지극한 사람으로 바뀌었다. 무엇이 이들을 이토록 바꿔 놓았을까? "성경에서 한 인간의 진실한 뉘우침과 회개에 대한 가장 감동적인 장면은 탕자의 비유를 제외하고는 여기밖에 없다."라고 말한 성경학자 고든 웬함의 말에서 요셉의 형제들이 바뀐 이유가 진정한 회개에 있음을 알 수 있다.

깨어진 관계를 진정으로 회복하는 길은 세상의 온갖 심리학적인 처방에 있는 것이 아니라, 하나님 앞에서 엑스레이처럼 비춰지는 자신의 몰골을 직시하고 회개하는 데 있다. 회개가 중요한 것은, 자신은 물론 다른 사람의 고통의 짐까지 대신 짊어질 수 있는 엄청난 회복의 에너지가 내재되어 있기 때문이다.

깨어진 관계 때문에 고민하고 있는가? 남을 탓할 필요 없다. 하나님 앞에서 자신을 돌아보고, 돌아서는 회개와 희생만이 해답이다. 세상적인 방법을 찾는 한 그것은 일시적인 미봉책에 그칠 뿐이다. 인생의 기쁨을 키우고, 건강한 관계 속에서 행복을 누리기 원한다면 우리도 회개를 통해 변화된 유다의 길을 가야 할 것이다. 심령의 변화는 행동의 변화를 낳았고, 행동의 변화는 관계의 변화를 낳았으며, 관계의 변화는 역사를 변화시켰다. 나중에 이스라엘이 남북으로 갈렸을 때, 베냐민 지파만이 끝까지 유다 지파와 함께했던 것은 결코 우연이 아니다. 오래전 동생 베냐민을 위해 눈물의 탄원을 했던 형 유다의 희생과 사랑 속에서 이미 역사는 시작된 것이다.

야곱의 가정처럼 깨어진 가정일지라도 진정한 회개와 희생을 통해 형제의 고통을 짊어지는 상처 입은 치유자가 될 수 있다면, 일평생 희복의 은총을 누리며 미래의 역사까지도 변화시키는 축복의 씨앗을 뿌리는 주인공이 될 수 있을 것이다.

조각난 인생의 치유

 전 세계가 1929년 미국의 대공황 이래로 가장 위험한 경제 위기의 때를 보내고 있다. 금융의 심장부인 뉴욕의 월가는 집값 하락으로 시작된 전대미문의 금융위기로 공포와 두려움에 얼어붙어 있고, 그 여파로 전 세계가 지축이 흔들릴 정도로 요동치고 있다. 우리나라도 예외는 아니다. 모 언론사의 여론 조사에 의하면 국민 다섯 명 중 네 명은 지금의 경기침체가 외환위기 때보다 심하거나 비슷하다고 대답했다고 한다.

 이런 사태를 보면서 한국 사회의 마지막 버팀목이 교회라는 생각을 다시 하게 된다. 사람들은 중대한 위기에 봉착하면 제일 먼저 이러한 위기를 해결할 수 있는 사람을 찾거나 기막힌 전략을 찾는 일에 올인하지만, 성경은 위기에 처할수록 우선순위를 분명히 하도록 경고하고 있다. 여호수아 8장 30절 이하를 보면 이스라엘 백성이 모두 한 자리에 모여 하루 종일 말씀을 듣고 가슴에 새기는 장면이 있다. 그런데 그때 이스라엘 백성은 전쟁 중에 있었다는 사실을 생각해야 한다. 전쟁만큼 절박한 상황은 없지만, 그들은 그 와중에도 하나님의 음성을 듣는 것을 최우선으로 여겼다.

사람의 상식으로 보면 미련하기 짝이 없을 것이다. 세상적인 눈으로는 무기를 정비하고, 군량미를 준비하고, 군사의 대오를 정렬하는 것이 더 중요한 것처럼 보이지만, 이스라엘은 이 모든 것 이전에 하나님을 먼저 택했다.

나는 주의 몸 된 교회가 헌신의 제단이 됨으로써 이 나라가 지금의 위기 앞에서 가장 먼저 하나님을 택하는 축복이 있기를 기도하고 있다 지금 국가는 물론이요, 기업가나 직장인 그리고 자영업자 모두 위기의 파고를 겪고 있다. 그 와중에 원치 않게 삶이 조각나 버린 사람들도 있을 것이다. 그렇다면 이 위기를 어떻게 헤쳐 나가야 할까?

하나님과의 데이트라는 책에서 인상 깊게 읽었던 이야기가 있다. 런던의 유명한 4중주단의 멤버였던 피터 크로퍼가 핀란드의 유명한 음악제에 초청을 받았다. 그 사실을 전해 들은 영국의 왕립음악아카데미는 크로퍼에게 258년 된 스트라디바리우스를 빌려 주었다. 이 바이올린이 얼마나 귀한 것인지는 음악의 문외한조차도 알고 있는 상식이었다.

그런데 핀란드에서 크로퍼가 무대 위로 올라갔을 때 상상할 수 없는 일이 벌어졌다. 발을 헛디뎌 넘어지면서 바이올린의 목이 완전히 꺾어진 채 여러 조각으로 깨져 버린 것이다. 큰 충격에 휩싸인 크로퍼에게 런던의 한 바이올린 상인이 깨진 바이올린을 수리해 보겠노라고 자청했다. 한 달 후 수리가 끝났다는 말을 듣고 찾아갔을 때, 크로퍼는 깜짝 놀랐다. 아무리 들여다보아도 수리한 흔적을 찾을 수 없었던 것이다. 더 놀라운 사실은 그 바이올린을 전에 연주했을 때보다도 훨씬 더 곱고 강한 음색이 울려 퍼진 것이다. 이 모든 것은 부서진 부분을 완벽하게 고쳐낼 수 있는 명공(名工)의 손에 넘겨졌기 때문이었다.

누구나 자신의 삶에 깨어지고 조각난 부분이 있기 마련이다. 지금처럼 심각한 경제적인 어려움 속에서는 더욱 그럴 것이다. 그러나 우리에게는 "이제는 너무 늦었어!"라고 한탄하기 전에 인생의 명공이신 예수님께 우리의 깨어지고 조각난 삶의 조각을 의뢰할 수 있는 은혜가 있다.

더 늦기 전에 지난 인생 동안 자신의 삶에서 깨지고 조각난 것을 인생의 명공이신 예수님의 손길로 다시 맞추어야 할 것이다. 역사의 주인이신 하나님께 개인과 민족의 깨어진 조각들을 껴안고 눈물로 나아가자. 그리하여 우리의 간절한 기도로 조각난 삶이 맞추어지고, 우리 사회가 보호받게 되기를 바란다.

영적 서퍼(surfer)로 바꾸는 기도

아담의 범죄 후 인간의 본성 중 가장 먼저 얼굴을 드러낸 것은 두려움이라는 감정이었다. 두려움은 사람을 위축시키고 초라하게 만든다. 에덴동산을 거닐며 하나님이 지으신 온갖 기화요초와 열매를 즐겼던 아담이 어느 순간 하나님의 소리를 피해 동산의 나무 사이로 숨어 버리는 못난 존재가 된 것도 바로 이 때문이었다.

요즘 세상이 돌아가는 것을 보면 인생은 두려움의 바다 위를 떠돌다가 두려움에 짓눌려 질식사하는 존재처럼 보인다. 자연재해로 일순간 수십만 명의 사상자가 난 미얀마나 중국에 대한 뉴스, 광우병이나 조류 인플루엔자에 대한 방송, 공기 오염에 대한 특집기사와 식품안전에 대한 심층보도를 보면 이 세상을 사는 것 자체가 두렵다.

세상에는 두려움에 대한 대증요법으로 가득하다. 그러나 두려움의 원인이 죄에서 비롯된 것임을 안다면, 여기에 대한 해결책도 다를 수밖에 없다. 시편의 시인은 이렇게 노래했다.

> "내가 두려워하는 날에는 내가 주를 의지하리이다…… 내가 하나님을 의지하였은즉 두려워하지 아니하리니 혈육을 가진 사람이 내게 어찌하리이까"(시 56:3).

주님을 의지함으로 두려움을 내쫓는 가장 직접적인 길은 기도하는 것이다.

한번은 정부의 요직에 있는 사람을 만나 대화를 나누다가 그가 하나님 앞에 무릎 꿇고 기도하는 사람임을 알게 되었다. 나는 그를 통해 정치적 혼란 상황 속에서도 한 가닥 안도의 빛줄기를 보았다. 사람들은 현 정국의 어려움이 지도층의 잘못에서 비롯된 것이라고 한다. 그래서 그 해법도 지도층이 다시 정신을 차리는 것에 있다고 말한다. 틀린 지적은 아니다. 그러나 이 나라가 제 궤도에 올라서고, 국가의 에너지가 누수 없이 항해하기 위해서는 인간적인 지혜에만 매달리는 것에 해결책이 있다고 생각지 않는다. 나라의 위정자들이 하루에 한 시간씩이라도 하나님께 매달린다면 어떤 상황 속에서도 국민은 안심할 수 있을 것이라 믿는다.

김용기 장로님은 매일 기도의 제단을 쌓았던 분이다. 오전 네 시부터 여섯 시까지, 오후 네 시부터 여섯 시까지 날마다 네 시간씩 나라와 겨레를 위해 구국기도를 하였다. 그는 암울한 현실을 보면서 정치를 탓하거나 사람이나 환경을 탓하지 않았다. 그는 지척을 분간할 수 없는 시대의 안개 속에서도 "내가 기도하면 세상이 변화된다."는 굳은 믿음으로 "온 겨레여 안심하라. 조국이여 안심하라."고 외쳤다.

이 나라가 진정으로 사는 길은 두려움에 붙들려 다급하게 사람을 찾는 데 있는 것이 아니라, 창조주 하나님을 참으로 의지하는 데 있다. 이스라엘 민족사는 하나님께 목숨을 걸고 기도했던 모세로 인해 광야에서의 이스라엘 백성이 구원받았음을 증거하고 있다.

이 민족을 향한 소원이 있다면, 나라의 지도자가 하루에 30분이라도 하나님 앞에 무릎 꿇고 기도의 지성소에 들어가 눈물로 기도해 이 민족이 하나님의 복을 누리는 것이다.

오늘날 많은 사람들이 기도의 위기를 느낀다. 기도하는 것이 과연 효과가 있는 것인지 의문을 가진다. 생명력 있는 기도란 하나님의 약속의 말씀에 끊임없이 호소하는 것이다. 기도는 우리를 영적인 서퍼(surfer)로 바꿀 것이다. 모든 사람이 거친 파도를 두려워하는 것은 아니다. 오히려 파도가 거칠수록 서핑의 즐거움을 누리는 사람도 있다. 비록 인생이 고해요, 두려움의 파도가 닥친다고 해도 기도를 붙들 수만 있다면 주님과 함께 비상할 수 있을 것이다.

타인의 행복에 눈뜨라

몇 년 전 웰빙(well-being) 바람이 불면서 삶의 질을 추구하며 행복하게 살겠다는 욕구가 치솟았던 때가 있었다. 지금도 여전히 웰빙 인생을 추구하기 위한 노력은 계속되고 있고, 그에 대한 책들도 끊임없이 쏟아지고 있다. 수많은 책의 결론은 비슷한 것 같다. 인생에는 많은 희로애락이 있는데, 행복하게 살려면 이렇게 저렇게 하라고 가르친다. 행복의 문으로 들어가려면, 자신의 일을 즐겁게 하라, 사랑하는 가족과 시간을 함께하라는 충고가 주류를 이룬다. 어떤 책에서는 진짜 행복하려거든 주말에는 일과 단절하고 나만을 위해 살라고 귀띔하기도 한다.

그러나 이 세상에서 행복하게 사는 것은 정말 쉽지 않다. 그래서 유명한 정신과 의사인 스캇 팩은 아직도 가야 할 길이라는 책에서 "인생은 고해다."라는 말로 시작한다. 더구나 우리가 아무리 행복을 추구한다 해도 세상은 우리를 그냥 내버려두지 않는다.

휘트워스 대학의 철학 교수로 있는 제럴드 시처는 네 명의 자녀를 둔 행복한 가장이었다. 그런데 어느 날 시처 가족이 모임에 다녀오던 길에 한 음주 운전자가 중앙선을 넘어 시처의 차를 들이받았다. 이 사고로 그는 아내와 네 살 난 딸, 그리고 함께 탔던 어머니를 그 자리에서 잃었다. 만약 우리에게 이러한 비극이 닥친다면 우리는 무엇을, 어떻게 할 수 있을까? 시처는 자신의 눈이 자신의 비극에만 고정되어 있었다면 그 자리에서 일어설 수 없었을 것이라고 고백한다. 자신에게 닥친 불행보다는 남겨진 아이들을 보았고, 그 아이들에게 주어져야 할 행복에 눈떴던 것이 자신을 구해냈다는 것이다. 우리의 눈이 남의 행복으로 향하는 순간, 가장 나쁜 비극에서도 최상의 소망은 생존한다는 것을 시처는 보여 주고 있다.

우리는 이 땅에 살면서 자신만 행복하면 진정 행복할 것이라고 생각하지만, 현실은 그렇지 않다. 오히려 타인의 행복으로 나의 삶을 채우면 채울수록 내 삶에 윤기가 흐르고 풍성해지는 것을 느낄 수 있다. 우리는 이 사실을 비슷한 시기에 세상을 뜬 마더 테레사 수녀와 다이애나 왕세자비를 통해 잘 알 수 있다. 누가 더 화려한 삶을 살았는가라고 묻는다면 분명 다이애나를 꼽겠지만, 누구도 다이애나가 테레사 수녀보다 더 행복하게 살았다고 말하지는 못할 것이다. 남을 행복하게 하고, 그 행복을 자신의 것으로 삼았던 사람과 자신의 행복을 추구하며 매달렸던 사람 중에서 과연 누가 더 행복한 삶을 살았는지는 불문가지다.

큰 행복으로 가는 길은 다른 사람의 작은 행복을 빌어주는 것에서부터 시작한다. 1만 건의 이혼소송을 취급한 시카고의 조지프 사베스라는 판사는 대부분의 부부가 극히 사소한 일로 이혼까지 서슴지 않는 것에 놀랐다면서, 만약 여성들이 아침에 남편이 출근할 때 "잘 다녀오세요."라는 말만 해도 미국의 이혼율을 상당히 줄일 수 있을 것이라고 말한 적이 있다. 아내가 남편의 작은 행복을 비는 것이 자신의 가정을 지키는 것이고, 이웃의 작은 행복을 빌어주는 것이 사회를 지키는 것이다.

우리는 현실적인 면에서도 남의 행복을 자신의 것으로 삼고 즐거워해야 하는 이유가 있다. 이웃의 행복과 즐거움을 내 것으로 삼지 못하면, 자신의 잠재력을 발휘하지 못하기 때문이다. 심리적으로 남의 행복에 마음이 닫혀 있으면, 자신의 잠재력이 열리지 못한다. 이것은 자신에게도 손해일 뿐 아니라, 사회에도 손해가 되므로 큰 불행이 아닐 수 없다.

　또 남의 행복을 자신의 것으로 삼는 사람만큼 매력적인 사람도 없을 것이다. 성경의 인물인 에스더가 자신의 민족을 위해 금식기도 한 후에 아하수에로 왕 앞에 나아갔을 때, 그 얼굴이 너무나 아름답고 매력적이어서 왕이 나라의 절반이라도 주겠노라고 말할 정도였다. 남의 행복에 마음을 열고 그것을 나의 것으로 삼는 순간, 우리는 이 시대의 아픔을 치유하는 매력적인 주인공이 될 수 있을 것이다.

소음과 진동을 생명의 에너지로

 죽은 자는 말이 없고, 산 자는 소리를 내기 마련이다. 소리는 생명의 증거이다. 살아 있는 것은 무엇이든 미미하게나마 소리를 내며 살아가고 있다. 이처럼 소리에 생명이 깃들어 있기에, 심지어 돌 같은 무생물조차 구르고 부딪혀서 소리를 낼 때에는 살아 있는 생물처럼 보이기도 한다.

 요즘 우리 사회는 소리로 가득 차 있다. 이것은 우리 사회가 살아 있다는 말이다. 비록 소리의 색깔과 방향이 서로 다르다고 해도 우리 사회가 소리로 넘친다는 것은 생명으로 넘친다는 말이다. 소리는 쌍방향이 되어야 한다. 일방적인 소리, 하나의 색깔로만 치장된 소리, 메아리 없는 소리는 소위 '소통'이 없는 것이기에 허공으로 사라지거나 땅에 떨어져 묻힐 뿐이다. 만일 우리의 기도가 대답 없는 소리에 불과한 것이라면 그것처럼 불쌍한 '소리'는 없을 것이다. 그러나 소리의 소통이 있다고 해도, 그 모든 소통이 의미를 갖는 것은 아니다. 생명을 얻는 소통이 있고, 생명을 잃는 소통이 있는 것이다.

2천여 년 전에 바디매오라는 맹인이 있었다. 어느 날 예수님이 여리고를 지난다는 말을 들은 그는 소리를 질렀다. "다윗의 자손이여, 나를 불쌍히 여기소서" 많은 사람에게 그의 소리는 시끄러운 소음으로 들렸기에 소경이 더 이상 소리치지 못하도록 윽박질렀다. 그러나 그의 소리는 적어도 예수님께는 소음이 아니라, 간절한 기도로 들렸다. 그는 그 소리로 구원을 얻었다. 바디매오의 '소리 지름'은 생명을 얻는 소리였다.

또 다른 소리가 있었다. 이들 역시 소리를 질렀다. 대제사장들과 유대인들은 "예수를 보고 소리 질러 이르되 십자가에 못 박으소서"라고 외쳤다. 그들은 바디매오와 똑같이 예수님을 향해 소리를 질렀지만 그것은 소란이요, 소음에 불과했다. 그들의 '소리 지름'은 생명을 잃는 소리였다.

지금 우리 사회에 가득 찬 소리는 생명을 얻는 소리인가, 생명을 잃는 소리인가? 소리의 크기가 진리의 크기에 비례할 수 없고, 소리의 수가 내용의 사실을 보장할 수 없다. 유대인의 광장을 가득 메웠던 수백 수천의 소리는 길가에 먼지를 덮어쓴 초라한 맹인의 소리에 대비되는 비겁한 소리요, 사실은 큰 소음에 지나지 않았다.

우리 사회가 사는 길은 생명을 얻는 소리가 소음보다 커질 때 있다. 그렇다면 세상에 소음이 더 크다면 어떻게 해야 하나? 하야미즈 고헤이라는 젊은이가 있다. 그는 26세에 불과하지만, 일본의 주식회사 '음력발전'의 대표로 있다. 그의 또 다른 이름은 세상의 소음과 진동을 에너지로 바꾸는 남자이다. 그는 도쿄 도심의 한복판을 달리는 자동차들이 발생시키는 진동을 이용해 고속도로의 가로등을 켜는 데 성공했다. 그에게는 현대사회의 공공의 적으로 불리는 휴대전화의 소음마저도 에너지원으로 끌어내는 힘이 있었다.

언제나 세상은 시끄러울 수밖에 없다. 그렇다면 그 소음을 배척하고 피할 것이 아니라, 삶의 현장에서 각자에게 들려지는 소음을 생명을 담은 소리로, 국가적인 에너지로 삼을 수 있는 길을 모색해야 한다. 불가능할 것처럼 보이지만, 고헤이라는 젊은이처럼 불가능한 상황조차 창조적으로, 긍정적으로 그리고 지속적으로 바라볼 수만 있다면 반드시 길은 열릴 것이다.

인생의 꿈, 신앙의 꿈

 지금도 잠을 자다가 누군가 옆구리를 찌르면 일어나서 일순간에 말할 수 있는 영어문장이 있다. "What do you want to be in your future?" 미국에서 사역할 때 청소년들을 만날 때마다 늘 던진 질문이었기에 마치 "I love you"처럼 익숙한 문장이다. 청소년들에게 이렇게 물어보는 이유는 "지금 네가 꾸는 꿈이 너의 인생을 결정한다."는 것을 말해 주고 싶기 때문이다.

 인생의 꿈이 한 생애를 결정한다면, 우리의 영원한 삶을 결정하는 것은 신앙의 꿈일 것이다. "내가 그리스도인으로서 어디에 마음을 쏟고 있는가, 무엇을 기대하고 사는가?"를 자문하면 신앙인으로서 무슨 꿈을 꾸고 있는지를 알 수 있다. "내 중심이 어디에 있는가? 이미 내가 예수님을 구세주로 믿고 신앙생활하고 있지만 내 마음에 가장 소원하는 것은 무엇인가? 내 영적 소원은 무엇인가?" 여기에 대한 대답이 신앙인으로서의 삶을 결정할 것이다.

신앙의 영토를 넓히는 꿈을 꾸어 보자. 내 인생을 변화시킨 가장 강력한 비전기도는 "하나님이여, 저를 사용하여 주시옵소서."였다. 자신을 사용해 달라고 하나님께 엎드리는 사람은 인생을 적당히 살거나 안주하지 않는다. 부동산 투기가 극성을 부리는 오늘날의 이 혼탁한 시대에 우리가 영적 전사가 되어 진정으로 개척하고 넓혀야 할 것은 신앙의 영토이다. 신앙의 영토를 넓히기 위해서는 영적 역설을 이해해야 한다. 기독교 변증가였던 C. S. 루이스의 말처럼 "우리가 하늘을 생각하고 살면 이 땅도 덤으로 얻을 것"이다. 그러나 날마다 땅을 생각하고 땅에 주목하고 산다면 우리의 가정도, 직장도, 재물도, 젊음도, 건강도 결국 다 잃어버릴 것이다.

전장에 나서는 용사처럼 믿음의 배수진을 치고 자신의 신앙의 현주소를 살펴보자. 그리고 평생을 말씀과 기도로 살았던 워너메이커의 말을 깊이 묵상해 보자.

"만약 여러분 중에서 기도보다 더 큰 즐거움을 발견한다면, 성경보다 더 좋아하는 책을 발견한다면, 교회보다 더 좋은 장소를 발견한다면, 주님이 베풀어 주신 식탁보다 더 좋은 식탁을 발견한다면, 예수님보다 더 좋은 사람을 발견한다면, 천국보다 더 좋은 희망을 발견한다면 여러분은 신앙에 경보를 울려야 한다."

신앙의 꿈을 가진 사람은 자신의 약점에 얽매이지 않으며 자신의 강점에 집중할 줄 안다. 하나님은 어떤 사람을 쓰시는가? 오직 한 번뿐인 인생이 속히 지나가는 것을 믿고 예수 그리스도만을 삶의 기준점으로 붙들고 집중력 있게 경주하는 사람, 하나님께 쓰임받는 것을 인생 최고의 목표로 삼는 사람을 쓰시는 것이다.

신앙의 꿈을 가진 사람은 세상을 열린 눈으로 본다. 그는 북반구에 사는 사람들에게는 북극성이 기준 별이지만, 아르헨티나와 같은 남반구에 사는 사람들에게는 남십자성이 기준 별인 것을 안다. 그는 엘리야처럼 조각구름 속에서 큰 비의 가능성을 보고, 예수님처럼 고기를 낚는 어부에게서 사람을 낚는 무한한 가능성을 끌어낼 수 있는 사람이다. 내게 없는 것을 상대방에게서 보는 겸손한 눈을 지니고 있는 것이다.

신앙의 꿈을 가진 사람은 하룻밤도 꿈 없이 잠들지 않고, 어느 아침도 꿈 없이 깨지 않는다. 예수를 나의 주로 고백하는 모든 믿음의 사람이 요셉처럼 역경 속에서도 하나님을 갈망하는 신앙의 꿈으로 잠들고 깨어남으로써 날마다 신앙의 영토를 넓히는 인생의 새날을 열어갈 수 있기를 바란다.

기적을 보는 눈

요즘 서민들은 마음 둘 곳이 없어 보인다. 마치 우울증에 걸린 사람처럼 미간에는 주름이 잡혀 있고, 가슴 속엔 사회에 대한 무관심 내지 냉소가 자리 잡고 있는 듯하다. 한때 유행어였던 '신바람'은 사회 어디에서도 찾기 어려운 지경이다. 이처럼 일상에 지친 사람들의 마음을 채우고 있는 것은 어쩌면 불안과 피곤, 공허함과 절망감일 것이다. 그런데 일상의 무게에 사회, 정치적인 문제까지 더해져 괴로움이 가중되고 있다.

많은 사람은 그리스 로마 신화에 나오는 시지프스와 같은 일상이 반복되는 피곤한 삶에서 벗어나고 싶어 한다. 신을 화나게 해 무의미한 지옥의 형벌을 받은 뒤 바위를 산꼭대기에 올리고 다시 굴려 내리는 일을 끝없이 반복하는 시지프스처럼, 끝없이 되풀이되는 고역의 삶을 깨고 날마다 새로운 삶이 이어지기를 원한다.

그런데 이를 위해서는 일상의 모든 것을 새롭게 하는 기적이 필요하다. 기적만이 반복되는 일상을 열정적이고 농축된 포도주와 같은 삶으로 바꿀 수 있다. 신학교 교수로서 영향력을 끼치고 있는 캘빈 밀러는 "기적이 우리의 일상 속으로 들어오는 순간 우리 삶의 질은 급상승하기 시작한다. 기적과 신비가 인간의 절망 속으로 들어오면, 다리를 저는 사람이 마라톤에서 승리를 거두는 기적이 일어난다."라고 말했다.

그러나 우리가 경험해야 할 기적은 두드리면 나오는 요술방망이와 같은 것이 아니다. 그것은 눈을 감고 있으면 부드러운 입맞춤으로 깨우는 눈부신 왕자와 같은 모습도 아니다. 우리가 찾는 기적은 사랑을 속삭이는 아내의 목소리에서, 장미 한 송이에서, 아름다운 노래와 계절의 변화 가운데서, 갓 태어난 아기의 해맑은 눈동자에서, 맛있는 음식과 감미로운 대화 속에서, 떨어지는 낙엽에서, 한 줄기 신선한 바람에서, 푸른 하늘에서, 따뜻한 햇볕 속에서 찾을 수 있는 것이다. 기적의 장소는 그것뿐만이 아니다. 깊은 잠에서 눈을 뜰 때도, 출근길에 뛰는 발걸음에서도, 심지어 냄새나는 화장실에서조차 기적을 찾을 수 있다.

일상의 삶 자체가 기적임을 아는 것은 어려운 일이 아니다. 병원의 응급실이나 중환자실에 가 보면, 우리가 당연히 여기는 일상이 얼마나 감사한 일인지, 주위의 작은 것들이 얼마나 큰 기적인지를 잘 알 수 있다. 우리를 둘러싸고 있는 삶의 굴레를 한꺼풀 들추고 그 속에 보석처럼 점점이 박혀 있는 기적을 보는 순간, 무미건조한 삶은 벗겨지고 생명력 있는 삶을 살 수 있게 될 것이다. 기적의 빛이 쏟아져 들어오면, 우리를 지치고 힘들게 하는 절망의 어둠은 사라지게 마련이다.

진정으로 중요한 것은 기적 자체가 아니라 기적을 보는 우리의 눈이다. 마이클 프로스트는 "현대인은 일상 속에서 전율하는 법을 모른다."라고 말했지만, 그것은 삶 속에 숨어 있는 기적을 볼 줄 모르는 것에 기인한다. 그리고 정말 중요한 것은 일상의 겹 속에 숨어 있는 기적 그 자체가 아니라, 그것에 대한 위대한 해석이다. 삶의 매순간을 기적의 눈으로 해석할 수만 있다면, 불안하고 피곤한 삶 속에서도 영혼이 전율하는 삶을 살 수 있는 것이다. 원하기는 젖은 솜처럼 무겁게 반복되는 일상에 지친 모든 이들이 매일의 삶 속에서 기적을 보는 눈을 가져 생명력 넘치는 삶을 살기를 바란다.

사람을 살린 희망 편지

 어느 시인이 "가장 아름다운 열매를 위하여 이 비옥한 시간을 가꾸게 하소서."라고 가을을 노래했다. 가을은 우리가 땀 흘려 가꾼 것들이 열매 맺고 수확되는 풍요로운 계절이다. 그렇다면 우리 삶의 열매는 어떻게 해야 풍성하고 튼실하게 맺을 수 있을까?

 그 답은 바로 우리의 생활 습관과 사고 습관에 있다. 우리의 생활 습관이 삶의 양을 결정한다면, 우리의 사고 습관은 삶의 질을 결정한다. 장수 연구의 세계적 전문가인 레너드 푼 미국 조지아 대 심리학 교수가 100세 이상의 장수 노인을 조사한 결과 "장수의 유전적 요인은 30%에 불과하며 70% 이상이 생활 습관에 기인한다."라고 말했다. 이처럼 생활 습관이 인생의 양을 결정하는 것이라면, 인생의 질을 결정하는 중요한 사고 습관은 무엇일까? 그것은 "범사에 감사하라"는 성경 말씀이다.

이 말씀은 감사를 우리 인생의 가장 중요한 사고 습관으로 삼으라는 명령이다. 정신치료전문가인 뇔르 C. 넬슨은 소망을 이루어주는 감사의 힘이라는 책에서, 감사는 우리의 분산된 에너지를 통합하고 집중력을 발휘하게 하는 강력한 렌즈가 된다고 말한다. 우리의 내면에서 일단 감사의 파동이 시작되면, 강철을 뚫는 레이저빔처럼 몸속에 분산된 에너지를 통합시켜 인생의 어떤 난관도 뚫어내는 힘을 발휘하게 만든다는 것이다.

감사를 인생의 사고 습관으로 만들어서 불행한 인생을 행복으로 이끈 사람이 있다. 그는 20년간 절망에 빠져 있는 사람들에게 '희망 편지'를 50만 통이나 보내는 기적을 실천했다. 절망의 수렁에 헤어나지 못하는 수많은 사람이 그의 글로 인해 희망의 빛을 보고 일어섰다. 오규근 씨가 그 희망 편지의 주인공이다. 그 역시 한때는 절망으로 세상을 포기하려 했지만, 예수를 믿고 '오아볼로'라는 이름으로 바꾸면서 삶의 전환점을 맞게 되었다. 그는 온몸의 뼈가 부러지는 희귀병으로 혼자 일어설 수조차 없는 중증 장애인이다. 목발은 고사하고 휠체어를 타고 다니기도 힘들다. 비록 그의 몸은 1m도 안 되지만, 그의 영혼의 키는 누구보다도 크다.

그렇다면 오아볼로 씨가 자신의 망가지고 절망적인 인생을 바로 세우고, 타인의 절망까지 희망으로 바꾸었던 원동력은 어디에 있을까? "몸은 이렇지만 하나님 백으로 정상인들을 도울 수 있게 되어 얼마나 기쁜지 모릅니다."라는 그의 고백에서 행복한 삶의 비결을 찾을 수 있다. 일생을 불평과 절망 속에 살아도 당연할 수 있는 삶이지만, 오아볼로 씨는 불평 대신 감사를 선택했고, 그것이 그의 삶을 든든하게 세운 중심축이 되었다. 그리고 수많은 사람을 절망의 수렁에서 건져내는 풍성한 삶의 열매를 맺게 된 것이다.

"그대를 볼 때까지는 낮도 밤이요, 꿈에서라도 그대가 보이면 캄캄한 밤도 밝은 낮이다." 대문호 셰익스피어의 시의 한 구절이다. 그렇다! 우리의 삶에서 감사를 찾고 발견할 때까지는 아무리 부귀영화를 누리는 인생도 실상은 캄캄한 밤이요, 현실적으로 아무리 캄캄한 인생이라도 감사를 발견하는 순간 해와 같이 밝은 인생으로 바뀌는 것이다. 중요한 것은 남은 생애의 에너지를 하나로 모으고 집중시켜 레이저빔처럼 강철도 통과할 수 있는 힘을 발휘하는 것이다.

인생의 열매는 시간을 어떻게 활용하느냐에 따라서는 몇 배의 차이가 나고, 재능을 어떻게 쓰느냐에 따라서는 몇 십 배의 차이가 나지만, 집중력을 어떻게 사용하느냐에 따라서는 몇 백 배의 차이가 난다는 것을 깨달아야 한다. 그러므로 몸의 에너지를 통합하고 집중시키는 감사를 어떤 환경에서도 할 수 있다면, 우리는 지금보다 몇백 배나 되는 열매를 맺는 인생을 살 수 있을 것이다.

3부_ 내일을 준비하는 사람들

독수리의 눈과 마라토너의 호흡 '고도의 순간 안식'을 누려라 내면의 뿌리를 깊게 내리라
그리스도인의 버킷 리스트 영원한 것에 투자하는 시간의 조각가들 하나님의 시간을 붙잡으라
영적 스몰트(smolt)를 경험하라 오만과 영적 자유 인생의 비상을 위하여
영 적 성 공 의 계 산 법   마 음 으 로 이 어 지 는 소 통 의 축 복

독수리의 눈과 마라토너의 호흡

고유가, 고물가로 경제가 어려워지면서 가정마다 힘든 시기를 보내고 있다. 지금 국가나 개인이나 일이 뜻대로 풀리지 않는 데서 오는 답답증이 점점 쌓여만 간다. 이것이 만성화되면 자칫 사회적인 우울증으로도 이어질 수 있기에 나라의 영적 안전망의 역할을 해야 하는 교회는 비상한 자세와 뜨거운 기도가 더욱 절실하다.

그런데 요즘처럼 만사가 뜻대로 되지 않고, 삶이 헝클어진 실타래처럼 보이는 것이 오히려 인생의 실상에 가까운 것이 아닌가 한다. 대개의 사람들에게, 인생길은 비단길이 아니라 지뢰밭이다. 땅 밑에 은밀하게 숨겨진 작은 금속에 불과하지만,

아주 작은 압력에도 치명상을 주는 것이 지뢰이다. 인생의 행로 아래에는 삶을 쑥대밭으로 만드는 지뢰 같은 것들이 얼마나 많이 숨겨져 있는지 모른다. 삶이 피곤한 것은 혹시나 밟을지도 모를 지뢰를 피하기 위해 밤낮으로 노심초사하기 때문일 것이다. 성경은 이를 가리켜 "그의 마음이 밤에도 쉬지 못하는" 슬픈 인생이라고 표현하고 있다.

여기까지가 이 땅에 태어난 인간의 숙명이라면, 그리스도인에게는 삶의 모든 장애와 고통마저 감사와 기쁨으로 거듭나게 하는 힘이 있다. "하나님을 사랑하는 자들에게는 모든 것이 합력하여 선을 이루는" 은혜가 있는 것이다. 우리가 이 사실에 눈을 뜬다면, 인생사에서 중요한 것은 상황 자체보다는 그 상황을 해석하는 능력임을 알 수 있다. 그러나 이것은 즉물적(卽物的)이고, 즉시적(卽視的)이며, 즉각적(卽刻的)인 것에 중독되어 심한 조급증에 사로잡혀 있는 현대인에게 쉬운 일은 아니다.

인생사의 모든 것을 "합력하여 선을 이루는" 신앙의 눈으로 볼 수 있기 위해서는 독수리의 눈과 마라토너의 긴 호흡이 필요하다. 독수리처럼 전체를 보는 눈이 인생살이의 돛이 된다면, 마라토너의 긴 호흡은 삶의 균형추와 같다. 출발을 알리는 총성이 울리자마자 전력 질주하는 것은 마라토너가 아니다. 마라토너의 머릿속에는 항상 42.195km 지점에 있는 피날레 선이 박혀 있어야 한다.

지금처럼 삶이 실타래처럼 엉켜 있고, 상황이 어려울수록 독수리의 눈과 마라토너의 호흡으로 삶을 대하는 것이 필요하다. 특히 그리스도인은 이 땅에 살면서도 하늘을 품고 사는 사람이기 때문에 이러한 자세가 더욱 요구된다. 필립 얀시는 이를 가리켜 "그리스도인은 물의 세계와 육지의 세계에서 동시에 살아야 하는 양서류와 같은 삶을 살고 있다."라고 말했다.

천국을 본향으로 두고 있는 그리스도인이 이 땅에서 성공적으로 삶을 사는 비결은 이 땅에 동화되는 것도 아니며, 생각과 행동이 분리된 이원화된 삶도 아니다. 성경에서 정말 위대한 사람들은 모두 나그네 인생길을 걸어가면서도 주인의식을 가지고 한 생애를 살았던 사람들이다. 믿음의 조상 아브라함, 노예의 신분으로 세계 최대의 제국을 지배했던 요셉, 성경에서 가장 온전한 삶을 보여 준 다니엘, 하나님께서 친히 나의 택한 그릇이라고 말씀하셨던 바울의 삶은 한마디로 나그네와 같은 여정의 삶이었지만, 누구보다도 성공적으로 이 땅을 살았던 사람들이다.

어떻게 이들은 나그네의 신분이면서도 주인의식을 가지고 이 땅에서 영적으로 성공할 수 있었을까? 그들 모두가 마주하는 일마다 일희일비하기보다는 독수리의 눈과 마라토너의 긴 호흡으로 절박한 인생사를 해석하고, 믿음으로 신앙의 삶을 살았던 것에 그 해답이 있다. 이것이 세상이 어렵고 삶이 뒤엉켜 보일수록, 세상의 광풍에 인생의 나뭇가지가 흔들릴지라도 신앙의 뿌리는 결코 뽑히지 않도록 우리가 붙들어야 할 태도이다.

'고도의 순간 안식'을 누려라

분주함은 건강한 신앙생활을 방해하는 가장 큰 요인 중 하나이다. 지난 사역을 돌아보면 분주하고 피곤할 때 영적으로 어려웠던 것을 경험적으로 알고 있다. 삶이 너무 바쁘거나 분주할수록 우리의 영은 약화될 수 있는 것이다.

바쁨은 신앙생활의 중심축인 기도 시간에 치명적이다. 기도 시간이 부족하면 영적으로 약해질 수밖에 없는데 사람들은 그 약함을 가장하고 위장하려는 경향이 있다. 너무 분주한 삶을 살다 보면 기도가 약해지고, 기도가 약해지면 허세를 부리게 되고, 더 큰 가면을 쓰는 신앙적인 위선 때문에 결국은 모래 위에 쌓은 성처럼 영적 토대가 부실하게 되는 영적 악순환으로 이어지고 마는 것이다. 이런 삶은 지금 같은 세속주의의 광풍을 이겨낼 수 없다.

그런데 우리가 로빈슨 크루소처럼 절해고도에 있지 않는 한, 현실 세계에서 살아가려면 바쁨과 피곤은 피할 수 없는 일이다. 이런 바쁨과 피곤에도 불구하고 건강한 신앙생활을 하는 길은 고도의 순간 안식을 누리는 데 있다. 예수님은 너무나 큰 사역의 짐으로 쉬지 못하셔서, 그 피곤이 얼마나 깊었던지 큰 풍랑으로 요동치는 배에서도 곤히 주무실 정도였다.

그러나 예수님께서는 무거운 사역의 짐을 지고 그토록 바쁘신 와중에도 반드시 동이 트기 전에 일어나셔서 한적한 곳으로 나아가 기도로 하루의 문을 여셨다. 피곤 때문에 한 시간이라도 더 자야 하는 상황이지만 주님은 오히려 새벽에 일어나 기도하심으로써 하나님과의 깊은 영교를 통한 '고도의 순간 안식'을 누리셨던 것이다. 예수님께는 기도가 쉼이었고, 사역을 이끄는 원천이었다.

진정한 쉼은 산이나 바닷가에서 얻을 수 있는 것이 아니다. 사람은 영혼이 쉼을 얻지 못하면 육신이 아무리 쉬어도 진정한 쉼을 누릴 수 없다. 그래서 어거스틴은 "주여, 당신 앞에 무릎을 꿇기 전까지 내 마음에는 참된 쉼이 없었습니다."라고 고백한 것이다.

그리스도인에게 있어서 휴식은 무엇보다도 영혼에 대한 깊은 해갈이다. 우리는 영적 존재이기 때문에 영적인 쉼 없이는 참 쉼이 되지 않는다. 얄팍한 쉼은 오히려 피곤을 가중시킨다. 육신이 영을 지배하는 것이 아니라 영이 육신을 지배할 때 비로소 쉼을 얻을 수 있는 것이다.

이제 우리는 영혼의 깊은 곳에서 들리는 안식에 대한 갈망과 참된 안식의 주인이신 예수님의 음성을 들어야 한다.

"수고하고 무거운 짐 진 자들아 다 내게로 오라 내가 너희를 쉬게 하리라"(마 11:28).

진실로 참된 그리스도인의 삶은 이곳저곳을 기웃거리고 들쑤시고 다니면서 세월을 보내는 관광객 같은 삶이 아니라 인생의 소명과 목적지를 향해 꾸준히 앞으로 나아가는 영적 순례자의 삶이다.

우리 믿는 자들이 영적 회복과 재충전을 누릴 수 있는 길은 세상과 같지 않다. 주님과의 더 깊은 교제, 영적 동지들과의 만남, 그리고 자연과의 깊은 교감 등이 우리 신앙인들이 누릴 수 있는 진정한 쉼이다.

기도는 세상의 기름기로 비대해진 우리 영혼을 건강 체질로 바꾸는 가장 좋은 영적 다이어트이다. 몸과 마음이 처질 때 새벽기도의 발걸음을 통해 영적 체질을 개선하고 예수님처럼 기도 속에서 '고도의 안식'을 누릴 수 있다면, 우리의 영적 계기판은 날로 충만해질 것이다.

내면의 뿌리를 깊게 내리라

메스퀴트라는 넝쿨 비슷한 사막 식물이 있다. 메스퀴트는 수많은 뿌리를 갖고 있으며, 사막의 모래 밑 30m까지 뿌리를 내려 수분을 흡수한다. 그래서 하루 종일 작열하는 태양 아래 물 한 모금 발견하기 어려운 사막에서 생존할 수 있는 것이다. 겉보기에 아름다운 식물이라도 뿌리가 약하거나 얕으면 뜨거운 태양이나 약간의 비바람에도 견뎌 내지 못한다. 그 누구도 얕은 뿌리로는 작열하는 세속의 태양을 견뎌 내기 힘들 것이다. 그러나 메스퀴트라는 사막 식물처럼 우리의 뿌리를 영혼의 샘터 깊은 곳까지 내린다면 세상의 온갖 바람과 유혹 속에서도 생존할 수 있다.

우리가 이 세상의 광풍에 휩쓸리지 않는 길은 우리의 뿌리를 튼튼히 내리는 데 있다. 그러나 깊이 내린 모든 뿌리가 유익한 것은 아니다. 그릇된 토양에 내린 뿌리는 오히려 엉겅퀴처럼 인생을 가로막는 짐이 될 뿐이다. 탐욕이나 증오에 내린 뿌리는 깊이 뻗어갈수록 우리의 삶을 조이고 결국은 파멸로 이끌 것이다.

여러 해 전에 '메넨데즈 형제 사건'으로 불리는 살인 사건이 미국을 떠들썩하게 했다. 이 사건은 아들 두 명이 백만장자인 부모의 유산을 빨리 상속받기 위해 집에서 아버지와 어머니를 총으로 잔인하게 살해한 사건이었다. 아버지가 유서 내용을 고쳐서 자식들에게 물려주려 했던 재산을 다른 목적으로 사용하려는 것을 알고 형제가 모의해 부모를 살해한 것이다. 탐욕의 뿌리가 한 가정을 감았고 결국은 산산조각 낸 것이다. 그러므로 내 인생의 뿌리가 어디로 내리고 있는지 깨어 살펴야 할 것이다.

우리가 이 세속의 광풍에 쓸려가지 않는 또 다른 비결은 서로에게 버팀목이 되는 뿌리가 되는 데 있다. 우리의 삶 자체는 성경에서 말하듯이 질그릇처럼 깨지기 쉬운 속성을 갖고 있다. 약한 그릇 같은 인간이 이 땅에 혼자 뿌리를 내리고 사는 것은 결코 쉬운 일이 아니다. 그래서 필요한 것이 상부상조의 은혜이다. 캘리포니아의 삼나무는 130m까지 자랄 정도로 튼튼한데 비해 의외로 얕은 뿌리를 가지고 있다고 한다. 그럼에도 불구하고 그렇게 견실한 이유는 삼나무의 뿌리가 서로 얽혀 강력한 그물망을 이루어 서로에게 든든한 버팀목이 되고 있기 때문이다. 얕은 뿌리조차도 서로를 세워 주는 버팀목이 될 때 세계에서 가장 높이 자라는 든든한 삼나무처럼 세속의 바람에도 흔들리지 않는 인생이 될 수 있는 것이다.

지금 세상에는 온갖 아름다운 것으로 화장한 치명적인 유혹들이 우리를 기다리고 있다. 이것을 이기는 길은 내면의 뿌리를 깊이 하는 데 있다. 그렇지 못해 세상의 달콤한 것에 눈을 돌리는 순간, 몸과 마음에 세속의 온갖 끈적끈적한 거머리들이 달라붙어 우리의 골수를 빨아먹고 결국은 빈껍데기만 남게 될 것이다. 내면의 뿌리를 깊게 하는 길은 이름뿐인 종교인이 아니라 생명수이신 예수님을 믿고 따르는 명실상부한 신앙인으로 살아가는 데 있다. 내면의 뿌리를 깊이 내려 세상의 모든 광풍에 맞설 수 있는 영적 근육을 다지는 축복이 있기를 바란다.

그리스도인의 버킷 리스트

이 세상에 태어난 모든 사람은 죽는다. 이것이 이 땅의 진리라면, 누구나 죽은 후에 하나님의 심판대에 서야 한다는 것은 하늘의 진리이다. 땅의 진리는 우리에게 죽기 전에 하고 싶은 것을 하라고 말하지만, 하늘의 진리는 죽기 전에 반드시 해야 할 일이 있다고 말한다. 그래서 가장 행복한 사람은 땅의 진리가 하늘의 진리에 전적으로 포함되는 삶을 사는 사람이요, 가장 불행한 사람은 하늘의 진리와는 완전히 절연된 삶을 사는 사람일 것이다.

하늘의 진리와는 전혀 무관한 삶을 살면서도 그것을 행복으로 알고 사는 사람은 마치 오픈카를 타고 바람을 가르며 시속

150km로 달리면서 자신이 제일 행복한 사람이라고 탄성을 지르지만, 사실은 1km 앞에 캄캄한 절벽이 있다는 것을 전혀 모르는 비참한 사람이라고 할 수 있다.

"죽기 전에 꼭 하고 싶은 것들"이라는 부제가 붙은 '버킷 리스트'(Bucket List)라는 영화를 본 적이 있다. 그 영화에서 불치의 병에 걸린 두 노인, 콜(잭 니콜슨)과 카터(모건 프리먼)는 죽기 전에 꼭 하고 싶은 일의 목록을 작성한다. "스카이다이빙 하기", "눈물 날 때까지 웃기", "장엄한 것을 직접 보기", "모르는 사람 돕기" 등등 떠오르는 것들을 써내려 갔다. 그러고는 주변의 만류에도 불구하고 여행을 떠난다. 이집트에서 황혼녘에 잠긴 피라미드를 보면서 카터가 말한다. "천국의 문 앞에 서면 신은 질문을 하는데, 그 대답에 따라서 천국의 입장 여부가 결정되지. 그것은 '인생의 기쁨을 찾았느냐?' 라네." 자신은 인생에서 기쁨을 찾았다는 콜의 말에 카터가 다시 묻는다. "자네 인생이 다른 사람들을 기쁘게 했나?"

죽기 전에 아무리 자신을 위해 하고 싶은 것을 다하면서 세상 전부를 얻는 즐거움을 누렸다 해도, 타인을 위한 지극히 작은 기쁨의 무게에 미칠 수 없음을 말하는 것 같았다. 하고 싶은 것과 해야 하는 것이 다를 수 있으며, 심지어 세상의 모든 즐거움을 포기해서라도 해야 할 일이 존재한다는 것이다. 이것을 성경은 이렇게 말하고 있다.

"사람이 만일 천하를 얻고도 제 목숨을 잃으면 무엇이 유익하리요"(마 26:26).

인생에는 이 땅에서의 짧은 목숨이 아니라 이 땅 너머 영원한 목숨도 있는데 천하를 얻은 자라도 그것을 잃으면 이 땅에서 누리고 즐겼던 그 무엇도 'nothing'이라는 말이다. 이것이 하늘의 진리이다.

그렇기 때문에 예수 믿는 사람들의 버킷 리스트는 세상과는 다를 수밖에 없다. 사도 바울에게는 각 지역에 흩어져 있는 믿음의 자녀들을 만나 보는 것이 목록의 1순위였다. 나의 경우에는 마라톤 완주가 버킷 리스트에 올라와 있다. 사역하면서 장애물을 만날 때가 적지 않고, 그래서 몸도 늘 긴장하게 되는데 이럴 때에는 산을 오르거나 조깅을 하면서 생각을 정리하는 것이 습관이 되었다. 그러다가 어느덧 마라톤을 완주하는 소원을 가지게 된 것이다.

십여 년 전에 내 삶에 깊이 각인되어 내 인생의 버킷 리스트의 틀이 된 노래가 있다.

"살아 계신 주 성령 내게 임하사…… 녹이고 빚고 채우고 사용하소서."

다니엘 아이버슨 목사님이 성령의 감동을 받아 쓴 것인데, 이 노래의 가사처럼 하나님 앞에서 녹여지고 빚어지고 채워지고 사용되는 것이 내 인생의 버킷 리스트를 채우는 기준이 되었다.

우리 그리스도인의 버킷 리스트는 땅의 진리가 하늘의 진리에 복종하는 것이어야 하며, 하고 싶은 것을 버리고 해야 할 일을 마땅히 기쁨으로 하는 것들로 채워져야 할 것이다. 그것들이 오히려 가슴 설레는 것들이 된다면 그로 인해 충만한 은혜가 넘쳐나지 않겠는가.

영원한 것에 투자하는 시간의 조각가들

우리에게는 손의 지문처럼 시간의 지문이 있다. 지문이 사람마다 다르듯 시간의 지문도 사람마다 다르다. 살면서 겪었던 기쁨과 슬픔, 희망과 좌절, 즐거움과 고통, 사랑과 미움의 깊이와 높이, 너비와 두께의 꼭지점들을 그대로 연결시키면 그것이 바로 시간의 지문이다. 우리 각자의 삶 속에 그려진 시간의 지문은 어떤 모습일까? 나이 사십이 넘으면 자신의 얼굴에 책임을 져야 한다는 말도 사실은 얼굴에 그려진 시간의 지문이 다르기 때문에 나온 말이라고 할 수 있다.

우리는 매해 지난 시간을 돌아보며 삶을 결산하고 앞으로의 시간을 바라보며 각오를 다진다. 세상은 약삭빠른 더하기 빼기의 산술적인 계산으로 결산을 내겠지만, 인생 결산의 저울추는 그 계산법이 다르다. 평생을 밤낮 없이 수고한 결과 크게 출세해 일가를 이루었다 해도 인생의 저울대 위에서는 깃털만큼의 무게도 나가지 못하는 인생이 있는가 하면, 지극히 짧은 인생을 살면서도 한 민족의 운명을 결정할 만한 무게를 지닌 인생도 있다. 인생 지문의 윤곽은 삶의 동력이 무엇이냐에 따라 결정된다. 열정과 탐욕, 희생과 본능, 감사와 불만, 긍정과 비난 등 어디에 더 가중치를 두느냐에 따라 인생 묘비에 남는 글이 달라지는 것이다.

출간된 지 수십 년이 지났지만 여전히 현대 기독교의 고전으로 읽히는 영광의 문이라는 책이 있다. 이 책의 주인공인 짐 엘리엇은 세상적으로 보면 참으로 미련한 사람이다. 그는 휘튼 대학원을 수석으로 졸업했고 학교에서는 20대 후반의 명석한 그에게 교수직을 보장했다. 그러나 그에게는 높은 지위도, 세상적인 명예도 해갈해 주지 못하는 깊은 갈증이 있었다. 그는 자신의 소중한 시간과 열정을 가장 부가가치가 높은 일에 투자하기를 원했다. 그래서 그는 이 땅의 마지막 살인부족이었던 에콰도르 아우카족의 영적 필요를 채우는 일에 헌신하기로 결심했다. 그러나 밀림 속으로 들어간 지 얼마 되지 않아 그를 식인종으로 오해한 아우카족의 손에 무참히 살해되고 말았다. 그

때 그의 나이 28세였다.

이것은 세상적인 산술법으로는 도무지 계산이 되지 않는 이해할 수 없는 투자요, 미련하기 짝이 없는 일이다. 그러나 그가 죽기 전에 쓴 일기 속에서 우리는 엘리엇이 무엇을 위해 자신의 귀한 생애를 내던졌는지 그 실마리를 발견할 수 있다.

> "아무리 붙잡아도 붙잡을 수 없는 헛된 것을 위하여 투자하기보다는 영원히 빼앗기지 않는 영광을 위하여 투자하는 삶을 미련하다고 하지 말라."

지금까지 살아온 시간들을 돌아보며 자신이 얼마나 가치 있게 보냈는지를 판별하는 것은 그리 어려운 일이 아니다. 영원한 투자를 위해 미지의 땅에 열혈청년의 순수와 열정을 묻었던 엘리엇의 눈으로 우리의 지나온 시간을 돌아보면 된다. 진정한 투자는 붙잡을 수 없는 헛된 것, 이 땅에서 사라질 것을 위해 하는 것이 아니다. 영원히 빼앗기지 않을 것을 위한 투자가 진짜이다. 이것은 어려운 일이 아니다. 생명을 얻는 일을 위해, 다음 세대를 위해, 그리고 영원한 하나님 나라를 위해 투자하는 것이 내 삶의 진액을 한 방울도 헛되이 하지 않는 비결이다.

미국의 저명한 사회학자인 토니 캄폴로 박사가 95세 이상 노인들을 대상으로 "만일 인생을 다시 살 수 있다면 무엇을 바꾸겠습니까?"라는 설문조사를 하였다. 질문에 대한 그들의 응답은 매우 다양했으나, 공통적으로 나온 대답은 "만일 인생을 다시 살게 된다면, 내가 죽은 후에도 계속될 일들을 더 많이 하겠다."였다. 다시 말해 영원한 것에 투자하고 싶다는 의미이다.

우리가 사용한 시간은 이제 길이가 아니라 두께로 평가받아야 한다. 얼마나 많은 일을 했느냐보다는 얼마나 의미 있는 일을 했느냐가 더 중요하다는 말이다. 우리 모두는 시간의 조각가이다. 남은 시간을 빛나는 보석으로 만들 것인지, 한없이 무거운 짐으로 전락시킬 것인지는 자신이 무엇으로 시간을 빚는가에 달려 있다. 오직 한 번뿐인 인생은 화살처럼 속히 지나갈 것이다. 오직 영원한 것에 투자한 시간만이 영원히 남을 것이다. 원하기는 시간을 일시적인 쾌락이 아니라 최고의 부가가치를 지닌 영원한 것에 투자하는 인생 최고의 투자자들이 되기를 소원한다.

하나님의 시간을 붙잡으라

시간은 두 개의 얼굴을 가지고 있다. 빈부고하, 남녀노소를 불문하고 똑같이 하루 24시간을 주었다는 점에서 이처럼 공평한 얼굴이 없지만, 시간의 사용 여하에 따라서 만세에 기리는 인물이 되거나 탄대로 역사에서 그림자조차 지워 버리고 싶은 사람을 만들기도 한다는 점에서 이토록 차별적인 얼굴도 없다.

미국의 44대 대통령에 당선된 오바마에게는 그의 자서전인 내 아버지로부터의 꿈에 언급될 정도로 고교시절 단짝 친구였던 가쿠가와 있었다. 그러나 30년이 지난 지금 한 사람은 미국의 대통령의 자리에 올랐지만, 또 한 사람은 L. A.에서 노숙자로 살고 있다. 흑인 혼혈아로 같은 고민을 안고 성장했던 두 사람에게 하나님께서는 똑같은 시간을 주셨지만, 한 사람은 세월을 아꼈고 한 사람은 낭비했기에 정반대의 인생 역정을 보여주고 있는 것이다.

성경에서는 시간을 허비하는 것을 거의 신성모독의 수준으로 다루고 있다. "일하기 싫어하거든 먹지도 말게 하라"(살후 3:10)는 말씀 속에는 일하지 않고 시간을 낭비하는 자는 차라리 굶어 죽도록 내버려두는 것이 낫다는 의미가 들어 있다. 한 생명을 천하보다 귀하게 여기는 기독교 신앙의 본질에 비쳐볼 때 과격해 보이지만 그만큼 당연한 명령이 아닐 수 없다. 왜냐하면 태초의 창조와 잇닿아 있는 시간 속에는 신적 충만함이 내재되어 있기에 시간을 낭비하는 것은 크게 보면 하나님의 창조를 훼손하는 중죄라고 할 수 있다.

요즘처럼 경제적으로 어려운 시기에 주어진 시간을 감사와 기쁨으로 살아가는 것은 쉬운 일이 아니다. 그럼에도 그 누구보다도 주어진 시간을 아끼며 이웃과 자신을 위해 치열하게 살아가야 하는 것은 신앙인의 의무이자 특권이다. 빌리 그레이엄 목사님은 인생을 의미 있게 사는 비결은 매일의 삶을 짐이 아니라 하나님께서 주신 형형색색으로 포장된 귀한 선물로 생각하는 것에 있다고 말했다. 이것은 인생의 황혼녘에 지난 인생을 돌아보며 절감했던 그의 경험적 진리이다.

우리 주변을 보면 자신의 어려운 처지를 비관하며 인생을 허비하는 안타까운 모습들이 적지 않다. 또 문제의 원인을 세상의 구조악 탓으로 돌리고 삿대질하느라 귀한 시간을 소모적으로 보내는 사람들도 있다. 그러나 같은 지역에서 동일한 고등학교를 졸업했지만, 시간의 사용에 따라서 30년 후에 정반대의 모습을 보여 주었던 오바마와 가쿠가와의 사례는 주어진 시간을 어떻게 붙들어야 후회 없는 인생을 살 수 있는지를 그대로 보여 준다.

신앙을 가진 사람들 가운데, 간혹 예수님의 재림을 대망한다는 이유로 세상의 삶을 소홀히 여기는 이들이 있다. 그러면서 일하는 것에 진지함과 최선의 모습을 보이지 못한다. 때로는 이것이 지나쳐 노동을 아담의 범죄로 인한 저주의 결과로 생각하는 잘못을 범하기도 한다. 그러나 이것은 엄청난 착각이 아닐 수 없다. 강원도 예수원의 기도실에는 "노동이 기도요, 기도가 노동이다."라는 글귀가 붙어 있다. 노동은 기도만큼 거룩한 것이고, 기도는 노동만큼 치열한 것임을 말씀하는 것이다.

성경은 우리가 천국에서도 그냥 편안하게 쉬고만 있지 않을 것이라고 말한다. 지상은 우리의 삶을 통해 날마다 천국의 리허설을 보이는 흔장이라고 할 수 있다. 이 땅에서 자신의 삶에 충실하지 못한 사람, 아침마다 선물처럼 머리맡에 놓인 시간을 붙잡지 못하는 사람이 천국에서 하나님을 섬기는 일을 잘할 리 없다.

하나님의 시간을 붙잡으라. 이것이 당신의 묘비에 "인생을 낭비한 자"의 죄목을 남기지 않는 길이다.

영적 스몰트(smolt)를 경험하라

한차례 선거를 치르고 나면 언제나 공천파동의 후유증으로 몸살을 앓는다. 공천에 탈락한 사람들 중에는 억울해서 견딜 수 없다는 사람들이 태반이다. 이유는 "내가 그 사람보다 결코 부족하거나 모자라지 않는데도 탈락되었다."는 것이다. 같은 것을 보지만, 보는 눈이 다른 것이다.

인간의 눈은 이렇듯 신뢰할 만하지 못하다. 스피처 미국 뉴욕 주지사는 매춘 조직을 청소하고 월가의 부패 관행을 뿌리뽑는 정의롭고 깨끗한 정치인으로 비춰졌었다. 그래서 사람들은 모두 그를 '미스터 클린'이라고 불렀다. 그런데 그가 성매매에 깊이 연루된 것이 발각되면서 하루아침에 '미스터 더티'라는 오명을 쓰게 되었다.

뉴욕에는 수백만의 눈이 있었지만 낮에 정의의 빗자루로 뉴욕을 청소하는 그의 앞모습만 보았을 뿐, 밤에 쾌락의 도구로 전락한 뒷모습은 보지 못했다. 그래서 "백 개의 눈으로도 진실을 볼 수 없다."는 말이 있는가 보다.

삶의 성패는 보이지 않는 것에 눈을 떠 속사람을 볼 수 있는 심미안(審美眼)과 밀접한 관계가 있다. 세상은 겉모습을 넘지 못하는 사람의 비명소리로 가득 차 있다. 행복의 문으로 보였던 결혼식장을 나서자마자 이혼법정으로 달려가는 사람들, 일확천금을 노리다가 사기꾼에 봉변을 당하는 사람들, 또 화려한 언변에 혹해 투표했다가 임기 내내 가슴앓이를 하는 유권자들 모두가 겉 사람에 취해 진면목을 보지 못했기에 고통을 당하는 것이라고 말할 수 있다.

그렇다면 속사람을 볼 수 있는 심미안은 어디에서 오는 것일까? 자신의 세계에 갇혀서는 결코 다른 사람의 이면을 볼 수 없다. 새로운 세상을 향해 열린 눈은 자신의 세계를 넘어선 사람에게만 주어지는 은혜이다. 이것은 마치 강가에 살던 연어가 전혀 새로운 세계인 바다로 들어가기 위해 자신을 변신하는 것과 같다. 바다로 나갈 준비가 된 연어의 변태를 스몰트(smolt)라고 하는데, 몸은 더욱 유선형이 되고 비늘은 은빛으로 바뀌며아가미는 바닷물에 잘 견딜 수 있는 형태로 변한다.

이런 점에서 그리스도인은 영적 스몰트를 경험해 세상을 거듭난 시각으로 보고 판단할 수 있게 된 사람들이라고 할 수 있다. 예수를 믿는 순간, 섬김을 받는 자보다는 섬기는 자가 더 크고, 육신이 부유한 자보다는 심령이 가난한 자가 더 위대하며, 받는 자보다는 주는 자가 더 복이 있다는 성경적 진리에 눈이 뜨이는 것이다. 영의 세계를 유영할 수 있는 눈과 호흡기를 가진 거듭난 사람이 되는 것이다.

영적 스몰트를 경험한 사람은 더 이상 세상의 잣대로 사람을 평가하는 어리석음에 동참하지 않는다. 그러면 과연 내가 거듭난 시각을 가졌는지는 어떻게 알 수 있을까?

한 가지 분명한 증거는 남을 비판하는 데 시간이나 에너지를 쏟지 않는다는 것이다. 즉 자기 눈의 들보는 보지 못한 채 형제의 눈에 든 티를 비판하는 못난 짓은 더 이상 할 수 없는 것이다. 함부로 다른 사람을 손가락질하지 말고 자신을 돌아보자. 이럴 때 우리 속에서 진정한 치유가 일어나기 시작할 것이다.

영적으로 시력이 교정된 사람은 더 이상 세상의 겉모습에 속거나 세상의 잣대로 사람들에게 상처 주지 않는다. 또 세상의 기준에 의해 평가받을 때 흥분하거나 억울해 하지도 않는다. 이제 한국교회는 진정한 가치와 아름다움에 눈뜨게 하는 영적 시력 교정의 장(場)이 되어 세속적인 세상의 잣대로 신음하는 우리 사회를 치유할 수 있어야 할 것이다.

오만과 영적 자유

"오만의 극치다." 한 정치인의 입에서 흘러나올 때만 해도 이 표현이 매우 격렬하게 들렸는데, 요즘 당파적으로 의견이 맞지 않을 때 주로 사용하다 보니 이제는 도매급의 말로 전락해 버렸다. '오만'은 교만과 멸시와 업신여김이 총체적으로 결합된, 어디 하나 좋은 구석이라고는 찾아볼 수 없는 부정적인 단어이다. 여기에 인간이 도달할 수 있는 끝자락인 '극치'라는 말이 붙었으니 '오만의 극치'라는 말은 참으로 모욕적인 말이라 하겠다.

그런데 이런 말을 대놓고 쓰는 인간 자체가 본래 오만이 극에 달한 존재라는 사실은 참으로 아이러니가 아닐 수 없다. 이미 인간의 오만은 하늘까지 오르려는 바벨탑을 쌓다가 산산조각이 났다. 인간이 오만한 존재라는 사실은 한낱 피조물인 인간이 창조주인 하나님을 대적하는 것에서 그대로 드러난다. "신은 죽었다."는 고전적 무신론을 넘어 "신이 인간을 망친다."고 주장하는 한줌거리의 책들이 베스트셀러가 되는 요즘의 현실은 인간이 어디까지 오만 방자할 수 있는지를 극명하게 보여주고 있다. 이러한 자들에게는 하나님은 "교만한 자의 오만을 끊으며 강포한 자의 거만을 낮출 것이며"(사 13:11)라는 성경말씀이 심판의 우렛소리로 임할 것이다.

오만한 자의 모습은 인사불성이 된 주정뱅이의 얼굴과 닮아 있다. 고래고래 고함을 지르면서 온갖 소란을 떨지만 옆에서 보는 사람의 눈에는 우스꽝스럽기 짝이 없다. 사방팔방으로 손발을 휘두르면서 무엇이나 마음대로 할 수 있는 것처럼 행동하지만 사실은 덫에 갇힌 동물처럼 몸부림을 칠수록 더욱 옥죄일 뿐이다. 이처럼 피조물이 창조주를 향해 삿대질하면 할수록 돌아오는 것은 영적 허무요 절망이다. 이런 점에서 무신론자의 대부격인 니체가 허무주의의 덫에 빠져 인생 말년을 자신의 감옥에서 헤어나지 못한 채 결국 정신병원에서 불행하게 죽은 것은 당연지사라고 할 수 있다.

오만이 허무주의의 덫에 이르는 길이라면, 그 대척점인 겸손은 영적 자유함으로 들어서는 좁은 문이라고 할 수 있다. 진정한 겸손은 절대자 앞에 서는 경험을 한 자만이 가질 수 있는 신앙적 속성이다. 인간이 주어가 되는 인위적인 겸손은 상황이 바뀌면 언제든지 오만의 얼굴을 드러내게 되어 있다. 하지만 하나님이 주어가 되는 겸손은 어떤 경우에도 진리의 영이신 예수님이 주시는 참 자유에 이르는 황금 문이다. 세상은 돈이나 권세나 명예를 얻으면 자유를 누릴 것처럼 기만하지만, 성경은 "진리를 알지니 진리가 너희를 자유롭게 하리라"(요 8:32)는 진리의 자유대헌장을 선포하고 있다.

지금은 고인이 된 대천덕 예수원 원장님은 나의 마음에 늘 겸손으로 영적 자유를 누린 표상으로 자리 잡고 있다. 그가 노년에 폐에 물이 차는 심각한 증상으로 입원했을 때였다. 한 젊은 자매가 병실을 방문했고, 깊은 고통으로 한숨도 자지 못한 원장님에게 "기도하셔야죠."라고 말했다. 그 말을 듣는 순간 원장님은 병상에 납작 엎드려 "자매님, 저를 위해 기도해 주십시오."라고 부탁했다. 대천덕 원장님은 영적 거성이요, 평생을 기도로 사신 분이었다. 그런 분이 한참이나 나이 어린 자매의 기도에 무릎 꿇고 "아멘, 아멘."으로 반응했다는 사실은 하나님 앞에서의 겸손이 어떻게 인간을 영적 자유함으로 이끄는지를 생생하게 보여 준다.

지금도 강원도 예수원에는 195cm나 되는 거구의 몸이 한 줌의 재가 되어 겸손하게 묻혀 있다. 대천덕 원장님 묘지 앞에 설 때마다 사람들은 "주님, 낮아지는 것을 두려워 말게 하옵소서…… 내가 작아지고, 보이지 않고, 없어지는 것까지 두려워하지 않게 하소서."라고 고백한다. 한국교회가 다시 살아나려면 대천덕 원장님처럼 낮아짐으로 영적 자유를 누리는 은혜가 있어야 할 것이다.

인생의 비상을 위하여

 어떤 자동차 잡지사에서 가장 빠른 자동차를 만들기 위해 스포츠카를 튜닝하기로 했다. 그런데 그들이 가장 먼저 취한 조치는 그 자동차를 만든 회사에서 빠른 자동차처럼 보이기 위해 장식한 모든 장치를 떼어버린 것이었다. 그들은 스포일러가 달린 멋진 세단보다는 단순한 모양의 경주용 자동차가 실제로 더 빨리 달릴 수 있다는 것을 알았다.

 인생살이도 마찬가지가 아닌가 한다. 좋은 듯이 보여서 인생의 여행 가방에 이것저것 채워넣지만 실제로는 인생길에 짐으로 전락하는 것이 한두 가지가 아니다. 같은 여행 일정이라도 아마추어와 베테랑의 여행 가방은 다르다. 양자의 차이는 필요한 듯이 보이는 것들을 얼마나 포기할 줄 아느냐에 달려 있다.

인생의 비상(飛上)을 위해서는 몸을 가볍게 해야 한다. 전도여행을 떠나는 제자들에게 "너희는 배낭이나 전대의 돈을 갖지 말고 두 벌 옷도 입지 말라"고 명령하신 예수님의 말씀은 인생길을 가는 모든 순례자의 제일의 여행수칙이다. 사실 이 말씀은 어떻게 보면 대단히 비상식적이라고 할 수 있다. 여행하는 사람에게 생필품을 넣고 다니는 여행 가방과 생존 수단인 돈을 갖지 말라는 것은 어불성설처럼 들린다. 더구나 낮밤의 온도차가 심한 이스라엘에서 한 밤의 냉기를 막아 줄 여벌의 옷도 가지고 떠나지 말라는 말씀은 잔인하게 들리기까지 한다.

말씀의 밑바닥에는 인생의 착시현상에 대한 경고가 담겨 있다. 인생길에 필수적으로 보이는 것이 실제로는 방해물이 될 수 있다는 뜻이다. 보이는 세상적인 것들에 사로잡히면 보이지 않는 하나님을 절대 의지할 수 없다. 왜냐하면 과시욕에 차 있는 세상은 언제나 자신이 커 보이고 하나님은 작아 보이도록 우리에게 영적 착시를 유도하기 때문이다. 이러한 인생의 착시현상을 치료하기 위해서는 때로 처절한 경험이 필요할지 모른다. 조건반사처럼 몸에 각인되지 못하면, 일반의 의지력으로는 우리의 삶에서 필요의 욕구를 떨쳐내고 가벼운 행장(行裝)을 갖추기란 거의 불가능하다.

도자기 인형이며 크리스털 식기를 모으는 것을 취미로 가진 여인이 있었다. 시간이 지날수록 장식장에 모셔지는 그릇은 쌓여 갔지만, 예쁜 물건을 발견하게 되면 손에 넣지 않고는 견딜 수가 없었다. 이제는 짐처럼 쌓이는 물건을 보면서 마치 큰 집을 머리에 이고 사는 달팽이 같다는 생각을 하지만, 그릇에 대한 욕심은 식을 줄을 몰랐다. 그런 그녀를 필요의 욕구로부터 자유하게 한 것은 불같은 의지가 아니라 애지중지하던 모든 것을 바닥으로 내동댕이쳤던 큰 지진(地震)이었다. 그녀는 산산이 부서진 그릇 조각들을 치우면서 비로소 자유로워지게 된 것이다.

나는 1년 이상 쓰지 않은 것은 처분하는 것을 원칙으로 하고 있다. 봄, 여름, 가을, 겨울, 사계절이 지나도록 쓰지 않는 것은 아무리 좋은 것이라도 실상은 내 것이 아니요 그 물건의 주인이 따로 있는 것이다. 물건들이 자신의 임자를 찾아가도록 안내할 때 더불어 자신의 몸이 가벼워지는 것을 느끼게 될 것이다.

인생의 비상을 위해서는 가벼운 몸과 더불어 튼실한 활주로가 필요하다. 여행길을 떠나는 제자들에게 예수님은 세상에 대한 착시현상을 벗겨내고 하나님에 대한 절대의존이라는 신앙의 활주로를 놓아 주셨다. 아무쪼록 한국교회와 그리스도인들이 세상적인 필요의 욕구로 인한 짐들을 떨쳐낸 가벼운 몸으로 하나님에 대한 절대믿음의 활주로를 타고 비상할 수 있기를 기도한다.

영적 성공의 계산법

 이 사회는 성공이라는 단맛에 푹 빠져 있다. 성공한 자에게는 이 세상의 무엇이나 얻을 수 있고 어디든지 갈 수 있는 만능열쇠가 주어진다. 성공에 대한 인식만은 세대차이도 없다. 청소년들은 점점 더 '편안한 생활'과 '여유 있는 생활'을 중요한 가치관으로 생각하게 되었다. 마음이 좀 불편하고 양심에 가책이 되어도 외적으로 편안하고 여유 있는 생활을 할 수 있다면 그것을 주저 없이 택하겠다는 생각일 것이다.

 오늘날 성공은 돈과 그 의미가 거의 일치하고 있다. 겉으로야 뭐라 하든 속내를 뜯어 보면 돈을 많이 버는 것이 성공의 척도이다. 아마도 사람들에게 돈이 없는 명예를 택할 것인지, 명예 없는 돈을 택할 것인지 물어본다면, 거의 모든 이들이 후자를 택할 것이다. 언젠가 CNN에서 조사한 것인데, 보통사람들은 12억 원 정도만 있으면 삶의 자유를 살 수 있는 것으로 생각한다고 한다. 그런데 이보다 100배나 많은 돈이 주어진다면 인간의 행복도 100배가 늘어날까?

돈에 취한 세상도 가끔은 정신을 차리고 사람들의 생각을 일깨울 때가 있다. 잭 휘태커는 건설업 하도급회사를 경영하면서 여유 있는 생활을 누리고 있던 사람이었다. 그는 2002년 말 미국 복권사상 최대인 3억 달러의 복권에 당첨되었다. 이제 전보다 몇백 배 더 큰 행복이 그를 기다리고 있는 것처럼 보였다. 그러나 행복에 겨워야 할 그의 인생이 불과 2년 만에 가정은 풍비박산이 났으며 본인은 재활센터에 강제 수용될 처지로 전락하고 말았다.

우리는 휘태커의 경우처럼 돈이 행복을 살 수 없다는 사실을 두 눈으로 똑똑히 보고도 부나비처럼 돈이 지피는 불 속으로 달려들고 있다. 세상은 성공이라는 미명하에 보이지 않는 탯줄을 통해 온갖 달콤한 수액으로 우리의 영혼을 마취시킨 채 우리를 원하는 대로 끌고 다니다가 결국은 우리의 골수까지 빨아먹고 껍데기만 남겨놓을 것이다.

세상에서 성공의 정상에 있다고 해도 세상에 취해 그 영혼이 자유롭지 못하다면 결코 성공한 인생의 반열에 설 수 없을 것이다. 세상의 성공으로는 영혼의 자유와 인생의 진정한 행복을 살 수 없다는 것을 증명한 사람이 있으니 바로 솔로몬이다. 그는 역사상 가장 많은 부와 권력을 누렸고 최고의 지혜자였지만 인생의 석양에서 "해 아래서 수고한 모든 것이 헛되다"고 고백하였다. 인생은 영적으로 성공하지 못하면 세상의 그 무엇으로 성공한다 해도 결국 부실공사의 비극으로 끝날 뿐임을 똑똑히 보여 주고 있다.

우리가 영적으로 성공하기 위해서는 새로운 셈의 원리를 배워야 한다. 세상의 성공과 영적인 성공은 계산법이 다르기 때문이다. 영적인 셈의 원리는 마치 어린이가 구구단을 외울 때처럼 처음에는 낯설고 서투르지만 몸으로 익히기만 하면 인생의 진정한 승자로 거듭나게 하는 강력한 도구가 될 수 있다.

세상에서는 부자가 성공자이지만 영적으로는 마음이 가난한 자가 성공자이다. 세상에서는 섬김을 받는 자가 성공자이지만 영적으로는 섬기는 자가 성공자이다. 세상에서는 높은 자리에 앉는 자가 성공자이지만 영적으로는 낮은 자리를 찾는 자가 성공자이다. 이것이 자신과 이웃과 공동체를 살리는 셈의 원리이다.

이러한 영적 셈의 판별기준은 하나이다. 그것은 자신이 이루려는 성공의 렌즈를 통해 자신과 이웃 중에서, 자신과 공동체 중에서 무엇이 먼저 보이느냐에 달려 있다. 예수님은 누구보다도 우리가 인생에서 성공하기를 원하시며 우리가 풍성한 삶을 살기를 원하신다. 그리고 우리가 영적으로 성공하도록 하기 위해 이 땅에 성육신하신 것이다. 우리 모두의 남은 생애가 영적으로 성공함으로써 인생의 진정한 승자로 거듭날 수 있기를 바란다.

마음으로 이어지는 소통의 축복

'일머리'라는 말이 있다. '일의 중요한 내용과 절차'를 의미하는 말인데, 이명박 대통령이 공석에서 쓴 이후로 뉴스에 심심찮게 등장했다. 우리 사회는 점점 동일한 사안을 놓고 자신의 처지에 따라 이 일머리에 대한 태도가 첨예하게 달라진다. 대운하 건설이나 영어공교육 등에서 대립각이 심화된 것도 이 때문이다.

그러나 사회 곳곳에서 일어나는 이러한 충돌을 이상하게 볼 필요는 없다. 한국직업능력개발원은 1960년대에 1천여 종이던 직업이 2000년대는 3-4만 종류로 늘어날 것으로 전망했는데, 이는 미래로 갈수록 모든 영역이 전문화되고 세분화된다는 단적인 예이다. 그만큼 이해관계가 복잡해진다는 의미이고, 아무리 좋은 정책이라도 모든 이의 입맛에 맞는 정책은 애초부터 불가능하다고 하겠다. 그렇더라도 평생을 파편화된 자신의 지식에만 갇힌 채 살아가는 사람들이 늘어나는 것은 사회적인 불행이다.

자신의 생각에 갇힌 자들은 자신이 경험적으로 보고 들은 것이 전부인 줄 안다. 이런 사람은 거듭나지 못한 도마형 인간이라 말할 수 있다. 도마는 예수님의 옆구리에 손을 넣어 창에 찔린 흔적을 확인하지 않고서는 예수님의 부활을 믿지 못하겠다고 했다. 지금의 사회는 아무리 설명해도 절대로 자신의 생각을 넘어서는 것을 받아들이지 못하는 도마형 인간으로 넘쳐나고 있다.

그러면 자신의 눈과 귀를 넘어서는 것은 가능할까? 전체를 아우르는 통합적 사고가 서로 깊이 파인 첨예한 대립각을 해결하는 열쇠라고 해도, 실제적이지 않다면 기만적인 수사(修辭)에 지나지 않을 것이다. 우리는 태어난 지 20개월 만에 뇌막염으로 시력과 청력을 잃고 말도 못하는 삼중 장애자인 헬렌 켈러에게서 해답의 실마리를 찾을 수 있다. 그녀는 어떻게 보지도 듣지도 못한 세계를 이해할 수 있었을까? 보고 듣는 세계와 모든 것이 차단된 세계 사이에 다리를 놓은 것은 튼실한 상상력과 부단한 훈련이었다. 헬렌 켈러는 피아노 위에 손을 얹고 진동을 느끼면서 들었고, 마루판의 진동을 발로 감지하고 공기의 움직임을 느낌으로써 무용수들의 춤을 볼 수 있었다.

우리 모두가 분열과 갈등을 치유하는 통합적 사고에 이르는 길은 헬렌 켈러처럼 육신의 눈과 귀를 넘어서 손과 발로도 듣고 보는 데 있다. 이를 위해서 자신을 겹겹이 둘러싸고 있는 파편적 지식과 경험의 옷들을 벗어 버리고 상대방을 이해할 때까지 눈으로 그려 보고 몸으로 생각할 수 있도록 자신을 훈련시켜야 한다. 훈련을 통한 통합적 사고의 기준점은 첫째 '국가와 사회에 진정으로 유익한가?'이고, 둘째 '그 유익이 조화를 이루고 있는가?' 하는 것이다. 정직은 좋은 덕목이지만 감사가 없는 정직은 시비주의자로 전락할 수 있다. 은혜와 진리의 조화, 사랑과 공의의 조화도 같은 맥락이다. 그렇기 때문에 정직과 감사를 두 축으로 하는 정감운동은 우리 사회의 상처를 아우르고 분열을 통합하며 나라를 선진화하는 통합적 사고의 틀이 될 수 있다.

미시간 주립대학의 로버트 루트번스타인은 생각의 탄생이라는 책에서 현대 화가들의 놀라운 작품들은 수동적으로 보는 것이 아니라 적극적인 관찰의 산물이라고 말한다. 그러므로 헬렌 켈러처럼 손으로도 듣고 발로도 볼 수 있을 때까지 상대방에게 귀를 기울이자. 이럴 때 우리는 상대방의 약점 때문에 내 강점이 파괴되는 악순환의 고리를 끊고, 상대방의 강점 때문에 내 약점이 보완되는 선순환의 쾌거를 누릴 수 있을 것이다.

4부_
깨어나고 깨우치는 교회

섬김의 유전자 누가 너희를 꾀더냐 사람이 해답이다 민족의 마음 밭을 경작하라 서로 원원하는 사회
변화된 열 명의 그리스도인 '한 사람'을 키우는 일 디아스포라에 담긴 은혜
말씀의 사자를 풀어 놓아라 긍휼과 화해의 파종자(播種者) 황혼을 새벽으로 바꾸는 교회
삼 허(三虛)와 삼 실(三實) 교리의 재발견으로 교회의 뼈대를 세우라

섬김의 유전자

　태안을 다시 찾았을 때, 기름유출 사고로 해안이 온통 검게 변했던 그곳은 한결 깨끗해져 있었다. 겉으로 보기에는 그때의 악몽 같은 사고를 떠올릴 수 없을 정도였다. 그러나 인적이 드문 곳에 깊숙이 들어가자 아직까지도 검은 기름덩어리가 여기저기 상한 몰골을 드러내고 있었다.

　태안의 기름유출 사고를 계기로 한국교회봉사단이 처음 만들어질 때만 해도 매스컴에서는 한국교회의 일회성 이벤트로 생각했을지 모른다. 그러나 교인들이 주축이 된 수고의 땀방울은 멈추지 않고 계속 이어졌다.

　섬김의 본이신 예수님을 주(主)로 모신 그리스도인에게는 섬김의 유전자가 내재되어 있기에 봉사와 섬김은 신앙인의 체질이라 할 수 있다.

사실 기독교의 대사회적인 봉사활동은 양극화로 고통받고 있는 우리 사회의 커다란 안전망 역할을 하고 있다. 2003년 한국보건사회연구보고서에 따르면 복지 시설의 61.7%가 개신교였으며, 천주교가 19.8%로 그 뒤를 잇고 있다. 이러한 봉사의 힘은 기름제거에 투입된 인원의 절반 이상이 기독교인으로 조사된 것에서도 그대로 드러나고 있다. 그렇기 때문에 우리는 이 민족의 심장이 한국 기독교의 섬김과 수고의 맥박으로 고동치고 있음을 자랑스럽게 말할 수 있다.

그럼에도 오늘날 기독교가 사회적인 냉대를 받고 있어 안타까울 뿐이다. 불신 세상이 색안경을 끼고 교회를 보는 것은 어느 시대에나 교회가 감당해야 할 몫이었다. 하지만 정말 가슴 아픈 것은 같은 지체들끼리 자해 행위에 가까운 공격을 퍼부어 주님의 몸 된 교회가 돌이키기 어려울 정도로 깊은 상처를 받는다는 것이다.

최근 한 기사에 실린 "일부 목회자들이 개혁이라는 이름을 한국교회를 때리는 '몽둥이의 소품'으로 이용하고 있다."는 한 목회자의 깊은 시름에 대다수 목회자들은 공감할 것이다. 지체끼리의 날카로운 공격으로 생기는 어처구니없는 피 흘림은 멈

취야 할 것이다.

우리에게는 서로를 사랑의 줄로 매고 형제에게 있는 고통의 짐을 함께 지는 영적인 동고동락의 전통이 있다. 나는 태안에서의 초교파적인 봉사활동 속에서 다시금 하나 됨의 빛을 보았다. 그곳에서 우리는 교단도, 직분도, 나이도 초월해 모두가 너 나없이 사랑과 섬김의 줄을 매고 수고의 땀을 흘리며 하나가 됐다. 이것이야말로 남녀노소와 지위고하를 막론하고 예수의 피 값으로 하나 되는 주의 몸 된 교회의 독특한 소우주성이 아니겠는가?

경험은 탁상공론을 무력케 하는 내공이 있다. 봉사활동을 다녀온 수십만 명의 교우들은 교파를 초월해 하나가 되는 봉사의 새로운 패러다임을 경험했다. 이들은 한국교회가 하나 되는데 값으로 따질 수 없는 큰 자산이 될 것이다. 이들의 귀한 섬김의 수고가 지역교회와 삶의 현장에서도 이어지고, 나아가 한국교회의 연합으로 이어지게 하는 것은 교회 지도자들의 숙제가 아닌가 한다.

지난 한국교회의 120년은 조국 근대사의 120년이었다. 그중에는 회한의 눈물을 뿌릴 일도 있었지만, 이에 비교할 수 없는 수많은 자랑스러운 이야기가 근대 역사의 페이지마다 깊이 스며들어 있다.

부활의 영광을 누리기 위해서는 십자가의 고난도 함께 져야 하는 것처럼, 한국교회가 이 민족의 영광이 되기 위해서는 이 민족의 십자가도 마땅히 함께 져야 할 것이다. 무엇이 두려운가? 우리에게는 태안에서 경험했던 섬김의 수고와 하나됨의 은혜가 있지 않은가!

누가 너희를 꾀더냐

'교리적 복음주의자보다는 고백적 복음주의자가 되자.'는 것이 젊은이 사역을 하면서부터 갖게 된 생각이다. 교리적인 신앙인이 생활에서 보이는 메마름과 건조함보다는 고백적 신앙인의 뜨거움과 풍성함이 좋았기 때문이었다. 그런데 그때 함께했던 사람들의 신앙궤적을 볼 수 있는 지금, 교리의 중요성을 다시 생각하게 된다. 신앙에도 일종의 마지노선이 있다. 교리에 충실한 사람에게는 때로 뜨거움의 부족이 보일 수 있으나, 결정적인 때에 자신을 지키는 것이 있다는 것을 깨달았다. 그만큼 유년시절부터 몸에 밴 성경 교리는 우리의 영혼을 마귀의 유혹으로부터 지켜 주는 방어벽의 기능을 하고 있는 것이다.

한국기독교총연합회에서 제정한 '이단경계주간'이 있다. 한국교회가 이단과 사이비 척결을 위해 교인들의 경각심을 고취시키고, 이단의 공격에 적절하게 대응할 수 있도록 일깨우기 위해 9월의 첫 주간을 이단경계주간으로 삼고 있다. 오늘날 적지 않은 교회가 이단들로 인한 폐해로 고통받는 것을 볼 때, 적어도 1년 중 한 주간이라도 이단에 대해 다시 생각하고 철저히 복음의 옷깃을 여미는 것은 의미가 있다고 생각한다.

기독교 역사에서 교회를 한 단계 올려놓은 가장 중요한 계기를 찾는다면, 주후 325년의 니케아공의회를 들 수 있다. 초대교회 이래로 수많은 이단이 날뛰었는데, 니케아공의회에서 삼위일체를 교리화하고, 예수님의 하나님 되심을 영구불변의 교리로 확정함으로써 이단들을 잠재우고 더 이상 발호하지 못하도록 쐐기를 박은 것이다. 이런 점에서 확고한 교리 위에 서지 못한 신앙은 세상의 풍파나 풍조가 몰려오면 변색되거나 허물어질 수밖에 없는 모래 위의 집과 같다. 이것이 우리가 말씀의 뼈대인 교리를 다시 붙들어야 하는 이유이다.

그런데 오늘날 한국교회 내에 이단의 심각성을 과소평가하고 간과해 버리는 경향과 함께 교리를 가볍게 여기는 이상한 풍조가 생겨나고 있다. 아마도 우리가 살고 있는 시대가 개인의 자유와 관용을 진리처럼 숭배하는 분위기에 젖어 있기 때문인지도 모른다. "교리는 구식이고 현대에 부적절하다. 실질적으로 중요한 것은 다른 사람에 대한 우리의 성품이요 태도"라고 말하는 이들도 있다. 이런 사람들은 신앙적인 실천이 중요하지 교리는 그렇게 중요하지 않다고 생각한다. 안타까운 것은 적지 않은 이들이 이러한 '교리 없는 기독교'에 흥미를 느끼고 있다는 사실이다. 그러나 신약의 서신서들을 보면 예외없이 교리와 믿음을 토대로 시작해서 그 다음에 실천적인 내용을 다루고 있다는 사실에 주목해야 한다. 올바로 믿지 못하면 제대로 실천할 수 없다.

교리 없는 기독교는 인본주의적인 생각과 세속의 편의주의가 결합되어 만들어진 것이며, 결국은 기독교를 무너지게 만드는 마귀의 꾀라는 것을 알아야 한다. 오늘날 한국교회가 여기에 많이 걸려 넘어지고 있다. 그러나 한편으로는 화석화된 교리의 답답함을 지적하며 "메마른 교리, 율법적인 껍질만 남은 교리, 정통 신앙이라는 허울만 뒤집어 쓴 채 죽어 있는 교리는 이단만큼이나 해롭다."고 말한 로이드 존스 목사님의 말처럼 영적 균형을 찾을 필요가 있다. 교리만큼이나 중요한 것이 교리의 혈관에 뜨거운 피가 흐르게 하는 것이다.

2천여 년 전 갈라디아 교인들에게 이단의 꾀임을 경고했던 바울의 탄식에 귀를 열어야 한다.

"어리석도다 갈라디아 사람들아 예수 그리스도께서 십자가에 못 박히신 것이 너희 눈 앞에 밝히 보이거늘 누가 너희를 꾀더냐"(갈 3:1).

한국교회가 이 시대를 감당하기 위해 끼우는 첫 단추는 성경 말씀과 복음의 진리 위에 한 치도 흐트러짐 없이 서서 세상의 꾀는 소리를 분별하고 이단의 행패를 제압하는 일일 것이다.

사람이 해답이다

언젠가 한 언론사에서 "한국에 희망이 있는 열 가지 이유"를 특집 기사로 다룬 적이 있었다. 우리에게 문제도 많고, 걱정거리도 많지만 그래도 한국에 희망이 있는 이유는 '사람' 때문이라는 것이 그 기사의 결론이었다. 높은 교육열, 근면한 국민성, 신바람 내는 국민 의식, 풍부한 숙련 노동력, 개혁에 대한 높은 갈망. 이런 것들이 한국을 더욱 희망적이게 하는 것으로 조사되었다. 그렇다. 사람이 우리의 희망이다. 사람을 제대로 키우는 것만이 우리의 희망이다. 사람에 대한 우리의 태도가 우리 민족의 흥망을 결정한다.

그러나 우리나라처럼 사람에 대해 이중적인 태도를 가진 나라도 흔치 않다. 자녀 교육에 대해서는 세계에서 가장 헌신적이고, 열정을 가진 국민이 우리 민족이다. 교육부 예산이 평균적으로 국가 예산의 20% 정도를 차지하는 것을 염두에 둔다면 자녀 교육을 위해 부모의 등뼈가 얼마나 휘는지는 능히 짐작하고도 남는다.

반면, 우리나라처럼 후진 양성에 인색한 국민도 없을 것이다. 한국 사회는 선대의 강점을 이어받지 못하는 흐름이 있다. 고려 상감청자를 만드는 도공이 세상을 뜨자 그날로 고려 상감청자의 비법도 땅에 묻힌 것이 우리의 역사다. 기업이나 기업가가 한 세대가 되기 전에 퇴출되는 절대적인 이유가 어디에 있는가? 사람을 키우지 않기 때문이다. 포춘지 조사에서 4년 연속 세계에서 가장 존경받는 기업 1위를 차지한 제너럴 일렉트릭(GE)의 최고 경영자가 회사를 위해 일하는 절대 시간은 바로 인물을 찾는 데 사용되고 있었다. 당시 GE의 회장이었던 잭 웰치는 "내 업무의 70%는 인재를 발굴하는 데 쓴다."고 밝혔다. 그의 사무실에는 "전략보다 사람이 우선한다."는 격언이 붙어 있다.

오늘날 중국 공산당은 부패와 관련해 많은 비판을 받고 있지만, 한 가지 분명한 것은 중국의 최고 실권자들에게는 인재에 대한 역사적 안목과 소명 의식이 있었다는 사실이다. 마오

쩌둥, 저우언라이, 덩샤오핑, 주룽지 등의 최고 권력자는 앞을 내다보고 후진을 양성하였다. 중국 공산당은 사람을 인물과 비인물로 구별할 수 있는 스크린 시스템을 가지고 있다. 어느 때보다도 지금 한국 사회에 이런 자정 시스템, 인재 양성 시스템이 요구되는 시점이다.

만일 우리 사회가 인재의 중요성에 대해 말만이 아니라 인물을 키우는 인물 양성 시스템을 갖추기만 한다면 한국은 세계에서 우뚝 설 수 있다. 한국은 이미 충분한 잠재적 자원을 가진 나라이다. 한국인의 머리는 세계에서도 손꼽히고 있다. 얼마 전에 오스트리아의 빈 대학이 전 세계 50개 국을 상대로 한 IQ 조사에서 한국이 최상위권에 속해 있다고 발표한 적이 있다. 한국인의 감수성 역시 세계 어디에 내놓아도 모자람이 없다. 미국의 줄리어드 음대를 누가 점령했는가? 재능있는 한국 사람들이 너무 많이 들어오니까 입학 쿼터제를 두어 한국인들을 일정 수 이상으로 받을 수 없게 했다.

한국은 교회든 나라든 인재를 키워야 살아날 수 있다. 경제 공황보다 인재 공황이 더 무서운 것을 알아야 한다. 인재 공황이 들면 시대의 농사를 망칠 수밖에 없다. 지금 우리에게 필요한 것은 사람에 대해 이중적인 태도를 벗어나는 일이다. 자기 자녀만을 끼고 도는 굽은 손과 눈으로는 '사람'을 알아볼 수 없다. 한국교회는 이를 위해 사회에 기여할 수 있어야 한다. 특히 규모를 가진 대형 교회일수록 하나님의 사람을 키우고, 민족과 국가를 위해 목숨을 바쳐 충성할 수 있는 인물을 키우는 일에 투자해야 한다. 우리의 세계적인 교육열을 시대의 인물을 키우는 성숙한 열정으로 다듬을 수만 있다면, 자기 자식만을 최우선으로 여기는 편협함을 벗어나 인맥과 지연의 가시덩굴을 걷어내고 인물을 발견하고 기르는 일에 에너지를 집중할 수 있다면, 우리나라가 겪고 있는 혼돈과 불안은 희망으로 채워질 것이다.

민족의 마음 밭을 경작하라

　신학교 시절, 설교학을 가르치던 마이클 브래드릭 교수님과 나눴던 대화는 오랜 시간이 흐른 지금에도 내 마음속에 생생히 자리 잡고 있다. "신학교가 사람을 바꿀 수 있다고 생각하는가?"라는 교수님의 질문에 나는 "쉬운 일이 아니다."라고 대답했다. 그 이유로 "목회는 지식으로만 하는 것이 아니라 영성에 관계되어 있는데, 신학교가 신학은 잘 가르칠지 모르지만, 영성을 훈련시키는 데는 미흡하기 때문"이라고 말한 적이 있다. 지금도 이 생각에는 크게 변함이 없다. 아니, 오히려 시간이 흐를수록 영성의 문제가 목회자의 아주 중요한 자질 요소임을 보게 된다. 기도의 열정이나 말씀의 깊이도 중요하지만, 더 중요한 것은 그 기도와 말씀의 토양이 되는 마음 밭이라고 할 수 있다.

지난 50년간 미국의 종교지도자들 가운데 수많은 사람들이 무너졌다. 그 와중에 빌리 그레이엄 목사님이 존경을 받는 이유는 그의 마음 밭이 그 지위를 품을 수 있을 정도로 온전하게 경작되었기 때문이다.

하루아침에 영성의 위기를 맞는 사람은 없다. 정육점에서 고기를 얇게 썰 때 처음에는 별로 표가 나지 않지만 얼마 후 곧 덩어리가 떨어져 나간 것을 느끼는 것처럼 우리 마음 밭도 마찬가지이다. 처음 얼마 동안은 크게 드러나지 않기 때문에 작은 거짓이나 탐욕, 증오의 칼날에 의해 조금씩 깎여 나가는 것을 대수롭지 않게 방치하다가 어느 순간 통째로 쓸려 나간 뒤에는 후회해도 늦게 된다.

촛불집회에 참가한 초등학생이 대통령에게 욕설을 하고, 중학생이 경찰에게 백 원짜리 동전을 던지면서 "거지들"이라고 야유했다는 기사를 보면서 아이들의 마음 밭이 이렇게 냉소적이고 적대감으로 물들어 있다는 현실에 어른 세대들은 괴로워했을 것이다. 그저 자녀들만은 잘되기를 바라는 한 가닥 부모의 심정이 의면당한 것 같아 아플 것이다. 하지만 아이들이 스스로 이런 끔찍한 마음 밭을 경작했을 리 없다. 아이들에게 본을 보이지 못한 어른들의 잘못이 크다. 아이들의 마음은 장차이 민족의 마음 밭이다. 누가 이 아이들의 마음 밭에 적대감 대신에 인간에 대한 이해와 사랑을, 냉소 대신에 따뜻한 미소를 경작할 수 있을까?

어릴 때 부친에게 들었던 이야기 중에서 기억에 남는 말이 있다.

"호박순은 돌려놓는 대로 자라는 법이다."

호박 줄기의 연한 순(筍)은 사람의 손길이 붙잡아 놓는 방향대로 자란다는 뜻이다. 순이 여릴 때 바르게 돌려놓을 기회를 놓쳐 버리면 나중에는 원하는 대로 방향을 취하기 어려운 법이다.

나라의 역사나 개인의 삶도 누군가의 손길에 의해 순이 돌려질 때 운명은 달라지게 된다. 나라의 장래를 생각할 때, 지금이라도 나라의 순을 제대로 돌려놓지 않으면 우리 자녀들에게 후회와 원망에 찬 나라를 물려줄지도 모른다.

이 민족의 마음 밭을 경작하는 일은 혼자서는 할 수 없다. 청계산이나 관악산은 혼자서도 올라갈 수 있지만 세계 최고의 에베레스트 산은 반드시 안내하는 인부인 셰르파와 함께 올라가야 한다. 다시 말해 누군가의 희생의 밑거름이 있어야 하는 것이다. 우리 자신의 작은 희생을 통해 이 민족의 마음 밭을 건강하고 풍요롭게 경작하는 것이 위기에 처한 이 나라를 돌이켜 영적 강국으로 거듭나게 하는 비결이다.

서로 윈윈하는 사회

 자연에서 배우는 행복의 기술이라는 책에서 린다 에어는 게에 대한 흥미로운 관찰기를 소개하고 있다. 게를 잡아 얕은 양동이에 넣으면 금방 밖으로 빠져 나온다. 그런데 게 두 마리를 같은 양동이에 넣으면 서로 빠져 나가겠다고 싸우다 결국 두 마리 다 나오지 못하고 만다. 왜냐하면 게는 '서로를 끌어내리는' 본능을 갖고 있기 때문에 한 마리가 올라가면 뒤에 있던 녀석이 올라가던 게를 잡아당겨서 둘 다 올라가지 못하는 것이다. 양동이를 게로 가득 채워 넣으면, 게들은 모두 밖으로 나오려고 기를 쓰다 한 마리도 나오지 못하는 것을 보게 된다.

 게의 어리석은 행태는 우리에게 반면교사의 눈을 뜨게 하고, 자신만 잘살면 된다는 의식이 결국은 공멸로 가는 길임을 암시하고 있다. 자신만 앞세우고, 자신의 안일에만 여념이 없는 사회가 과연 어디로 달려가겠는가. 점점 노숙자가 늘어 가고 신(新) 빈곤층이 정부로부터 기초생활마저 보장받지 못한 채 사회안전망의 사각지대에 방치되어 있는 요즘, 극단적인 방법으로 자살을 선택하는 사람들이 늘어 가면서 우리 사회의 문제를 여실히 드러내고 있다.

우리가 침체된 경제를 회복하고 진정한 경제대국으로 나아가는 길은 단지 더 열심히 일하고, 더 많은 기술을 개발하는 것에만 있지 않다. 아무리 많은 일류 상품을 개발한다고 해도 사람을 중시하고, 함께 윈윈(win-win)하려는 상생지수가 높아지지 않는 한 국가의 번영은 사상누각에 불과할 것이다. 혼자만 살려고 남을 짓누르는 것이 아니라 다른 사람을 살리려고 노력할 때 자신도 살게 되는 길이 열리는 것을 알아야 한다.

어떤 이가 정신과 의사인 칼 메닝어에게 "만일 어떤 사람이 정신적 파멸을 느끼고 있다면 당신은 무슨 조언을 하겠습니까?"라고 질문을 했다. 당연히 대부분의 사람들은 그의 직업이 직업이니만큼 "정신과 의사를 찾아가보시오."라는 대답을 기대했다. 그러나 놀랍게도 메닝어는 이렇게 대답했다. "집 문을 걸어 잠그고, 기찻길을 지나서 도움이 필요한 사람을 찾아 나서십시오. 그리고 그 사람을 도울 수 있는 무엇인가를 하십시오."

극단적 이기주의에 침식된 우리 사회와 사람들의 병든 생각을 치료하는 길은 더 많은 병원을 짓는 데 있지 않다. 우리의 병든 정신을 치료하는 길은 정신과 의사를 찾아가기 전에 먼저 소외되고, 가난하고, 도움을 받지 못하는 사람들을 찾아가는 데 있다. 에드윈 마크햄은 "인간이 다른 사람을 돕고 키워 주는 일이 아니라면, 그 어떤 일도 전혀 무익하다는 것을 직시하기까지 우리는 눈뜬 소경에 불과하다."라고 말했다. 이것은 우리가 타인의 존재에 그리고 그 한 사람의 소중함에 눈뜰 때까지는 실제로 영적 소경에 불과하다는 사실을 말해 주고 있다.

참으로 의미 있는 인생은 남을 돕고 영적으로 성공시키는 삶으로 인도하는 인생이다. 사실 남을 배려하고 돕는 삶은 말처럼 쉬운 것이 아니며 사람들의 시선을 한 몸에 받는 화려한 삶도 아니기 때문에 들어서기 어려운 좁은 길임에 분명하다. 그러나 진정 타인을 위하는 삶은 우리 사회 곳곳에 덕지덕지 붙어 있는 부패의 더께를 벗겨내고 모순의 때를 씻겨내는 소중하고도 유일한 삶이다.

세상에 태어난 인생은 그 삶이 어떠하든지 간에 한 가지는 분명하다. 모든 인생은 역사의 지평에 아무리 미미할지라도 반드시 영향을 미친다는 것이다. 차이가 있다면 그 영향력이 사람을 살리는 것이냐, 죽이는 것이냐 하는 것일 뿐이다. 타인을 배려하는 삶, 그 사람을 영적으로 성공시키는 삶을 통해 축복의 근원으로, 은총의 통로로 거듭나고 도약하기를 기도한다.

변화된 열 명의 그리스도인

지금 전 세계의 금융계는 밤사이 가슴을 철렁이게 하는 또 다른 금융 악재가 발생하지 않았는지 뉴욕을 주시하며 공포로 밤을 지새우고 있다. 그런데 나는 다른 의미에서 미국의 심장부인 뉴욕을 주목하고 있다. 미국 경제가 이렇게 된 주요 원인을 경제 전문가들은 탐욕스러운 파생상품들로 금융 시스템이 망가졌기 때문이라고 본다. 그러나 세상적인 눈으로는 전문가들의 생각이 맞을지 모르지만, 신앙적인 눈으로 보기에는 오늘날 미국이 이토록 심각한 어려움에 빠지게 된 근본적인 이유는 미국이라는 국가의 신앙 시스템에 치명적인 결함이 발생했기 때문이라고 생각한다.

미국은 건국 초기에 청교도들이 집을 짓기 전에 교회를 먼저 세웠던 신앙의 나라였다. 그래서 미국의 헌법에서부터 사회 윤리에 이르기까지 그 뼈대를 세우고 피를 돌게 한 것은 기독교 정신이었다고 해도 지나친 말이 아니다. 그런데 미국의 심장부인 뉴욕의 월가는 성경에서 그렇게 경고했던 탐욕 때문에 뿌리째 흔들리고 있다. 이미 바울 사도는 2천여 년 전에 마치 돋보기로 들여다보듯이 이를 정확하게 예언했다.

"돈을 사랑함이 일만 악의 뿌리가 되나니 이것을 탐내는 자들은 미혹을 받아 믿음에서 떠나 많은 근심으로 자기를 찔렀도다"(딤전 6:10).

소돔과 고모라는 의인 열 명이 없어 망했다. 그렇다면 미국의 금융 책임자 중 진정한 그리스도인이 열 명이라도 있었다면 어떠했을까를 묻는다면 우문일까? 그런데 기독교 국가로 자타의 공인을 받는 미국에서, 그것도 심장부인 뉴욕의 금융계가 탐욕 때문에 전대미문의 위기를 겪는 것은 실상 크게 놀랄 일이 아니다. 미국의 기독교 대표 전문 조사기관인 바나 리서치에 따르면, 미국에서 예수님 때문에 삶의 변화를 보인 사람은 그리스도인 중에서 10%에 불과하다는 것이다. 신앙을 가진 사람들 가운데 예수님 때문에 조금이라도 삶의 변화를 보이는 사람은 열에 하나뿐이라는 말이다. 달리 표현하면 미국 그리스도인의 대다수가 겉은 신앙의 옷을 입고 있지만, 속은 여전히 세상적인 윤리와 문화에 깊이 물들어 있다는 의미이다.

이런 점에서 미국 금융계의 위기는 그 밑바닥에 변화되지 못한 신앙이 똬리를 틀고 있기 때문에 생긴 것이다. 예수를 믿어도 변화되지 못하는 그리스도인은 우리나라도 예외가 아닐 것이다. 최근에 농민들은 호미 자루 한 번 잡아 본 적 없는 수천수만의 사람들이 쌀직불금을 수령했다는 뉴스에 울분을 참지 못하고 있다. 땀 흘리는 농민들에게 고스란히 돌아가야 할 세금이 엉뚱하게도 탐욕스러운 사람들의 호주머니로 들어가고 있다는 소식을 들으면서, 그중에 그리스도인은 없을까, 교회의 중직을 맡은 사람은 없을까 잠시 염려하고 불안한 마음이 들었다.

그리스도인은 예수 믿는 순간 새로운 피조물로서 인간 속성의 변화, 신분의 변화가 근본적으로 일어나는 사람들이다. 그런데 그리스도인 가운데 변화의 모습이 이토록 부족하며, 사회에 긍정적인 영향을 끼치는 데 역부족인 이유는 교회 내에 진정한 복음이 없기 때문이라고 생각한다. 세상의 지식은 '개선된 나'를 추구하지만, 복음은 '전혀 새로운 나'를 창조한다. 복음이 예수의 피와 부활의 권능이 아니라, 심리적인 처세술과 도덕적인 교훈과 지식적인 정보로 버무려지고 오염될수록 세상 속에서 변화받은 그리스도인은 점점 더 찾기 어려울 것이다. 교회가 변화받지 못하는 그리스도인을 양산하는 것처럼 하나님과 세상에 무서운 해독을 끼치는 일은 없다. 그러기에 목회자로서 세상의 경제를 걱정하기에 앞서 먼저 피 묻은 복음을 "두렵고 떨림으로" 가감 없이 전하고 있는지, 진정으로 변화된 '열 명'의 그리스도인을 만들어내고 있는지를 돌아보게 된다.

'한 사람'을 키우는 일

한 사람의 영향력은 엄청나다. 초원에서 짐승을 먹이며 한가로이 지내던 소수의 부족을 역사상 가장 큰 대국의 주인공으로 등장시켰던 것은 한 사람, 칭기즈칸의 영향력이었다. 그리고 그 한 사람의 영향력이 사라지자 몽골은 다시 초원으로 돌아가 지금까지 그 자리에 머물러 있다. 이처럼 시대를 압도하고 국가의 흥망을 결정하는 '한 사람'의 중요성은 아무리 강조해도 지나침이 없다. 그러나 우리가 역사의 커튼을 들여다보면 그 '한 사람'을 발견하고 품어서 시대 앞에 내놓는 데 헌신한 한 사람이 있었다는 사실을 알게 될 것이다.

한 사람을 소중하게 품으면 한 나라의 운명까지도 바꿀 수 있다. 우리가 전혀 동의할 수 없는 역사이지만 사실만을 떼어서 본다면, 반면교사로서 삼을 만한 사례가 있다.

1949년 모택동이 장개석의 국민당을 몰아내고 역사의 주인공이 되어 베이징으로 들어서던 날, 그의 가슴을 채운 것은 승리의 환호성이 아니라, 이미 오래전에 세상을 떠났던 한 사람에 대한 감회였다. 역사적인 승리로 인해 누구보다도 들떠 있어야 할 순간, 모택동은 그 '한 사람'을 기억하면서 회고에 잠겼다. "그의 가르침과 교화가 없었더라면 나는 지금도 어디로 가야 할지 마냥 헤매고 있었을 것이다." 오늘의 자신을 있게 했던 '한 사람'을 생각하면서 모택동은 자신의 절절한 심경을 측근에게 이렇게 토로했다. 중국 역사의 주인공으로 우뚝 선 사람은 모택동이었지만, 그를 중국 역사의 주인공으로 우뚝 서게 한 그 사람은 이대소(李大釗)였다. 이대소가 모택동이라는 한 사람을 가슴에 품고 가르쳤기에 오늘날 중국 역사는 우리가 희망하는 것과 전혀 다른 역사를 쓰고 있는 것이다.

한 사람의 소중함에 눈을 뜨려면 먼저 사람을 보는 눈이 거듭나야 한다. 한 다발의 화환과 한 개의 꽃씨 중에서 꽃씨를 선택할 수 있는 영적 안목이 필요한 것이다. 그리고 땀과 눈물로 점철된 인내의 수고 속에서 미래의 영광을 바라볼 수 있는 통찰이 있어야 한다. 영향력 있는 한 사람을 키우는 일에는 무슨 특별한 지름길이나 기가 막힌 비결이 있을 수 없다. 그저 묵묵하게 물을 주고 때마다 넉넉하게 거름갈이를 해 주는 것만이 시대를 품는 인재를 낳는 비결이다. 인재 확보에 드는 투자는 '비용과 효과' 차원을 넘어 국가의 존망이 걸려 있기 때문에 짧은 시간의 서투른 계산법으로는 그 가치를 헤아릴 수 없다.

이대소가 모택동의 정신적 지주로 자리 잡았던 것은 단지 사상적인 영향 때문만이 아니다. 모택동이 이대소를 "그는 나의 스승"이라고 했던 배경에는 이대소의 희생적인 죽음이 있었다. 1927년 그는 당시 만주지역의 군벌이었던 장작림에게 체포되어 온갖 회유에도 불구하고 끝까지 굴하지 않음으로 20일 만에 처형되었다. 이대소가 사상적으로 모택동에게 영향을 주었더라도 그의 삶으로 입증하지 못했다면 결코 모택동의 가슴에 뿌리 내리지 못했을 것이며, 모택동 역시 중국인의 기억 속에 자리 잡지 못했을 것이다.

한 시대를 품에 안고 국가와 민족을 위해 몸을 던질 수 있는 '한 사람'을 키워야 한다. 그러나 희생 없는 가르침이나 이름을 앞세운 지원만으로는 시대정신을 가슴에 품는 인물을 결코 양육할 수 없다. 인재를 발굴해 세상의 변화와 변혁을 감당할 수 있는 시대의 인물로 키우는 일에 우리 사회와 교회는 동원할 수 있는 모든 자원을 쏟아야 한다. 아울러 교회 지도자들부터

한 사람을 키우는 이 일에 자신을 희생 제물로 삼는 각오와 모든 수고를 아끼지 말아야 한다. 성경의 다니엘은 수많은 정적이 눈에 불을 켜며 약점을 잡으려고 돌아다녔지만 아무 틈, 아무 허물도 발견하지 못했던 순수하고 온전한 사람이었다. 국가적으로, 교회적으로 모두가 마음의 등불을 켜서 지금 이 시대의 다니엘을 찾는 일에 우리의 마음을 쏟는다면 우리나라는 현재의 일시적인 불안과 혼란을 넘어 반드시 부흥의 탄탄대로를 달릴 수 있을 것이다.

디아스포라에 담긴 은혜

해외에서 20여 년 동안 목회를 하면서 집회를 위해 세계 곳곳을 찾을 기회가 있었다. 그러면서 진리처럼 확인한 두 가지가 있다. 하나는 세계에서 가장 많은 나라에 흩어져 사는 민족이 우리나라이고, 둘째는 한인이 있는 곳에는 어떤 형태로든 반드시 교회가 있다는 것이다. 이것은 일찍이 주전 8세기경부터 세계로 흩어져 살게 된 유대인 디아스포라와 그들이 가는 곳마다 세웠던 회당을 연상케 한다.

'디아스포라'(Diaspora)는 흩어짐을 뜻하는 헬라어로 조국을 떠나 세계 각처에서 살고 있는 사람들을 부르는 말이다. 우리나라의 경우 숫자로는 5천5백 만의 화교나 1천 만의 유대인보다는 적지만, 무려 세계 178개 국의 나라에 7백 만의 동포들이 흩어져 살고 있다. 남북한을 합해 세계 인구의 1.1%에 지나지 않는 나라가 쇄국에서 개방된 지 불과 백여 년 만에 전 세계의 가장 많은 나라에서 살고 있다는 것은 놀라운 일이 아닐 수 없다.

나는 여기에 하나님의 신비한 뜻이 있다고 본다. 유대인 디아스포라를 통해 복음의 터를 닦았다면, 우리 민족의 디아스포라를 통해서는 세계 선교의 피날레를 이끄실 것이라는 믿음을 갖고 있다. 한인 디아스포라는 수면 밑에 9할이 잠긴 빙하처럼, 우리 민족의 자산통계에는 크게 잡히지 않지만 실은 엄청난 잠재력을 가진 거대한 광맥이라고 할 수 있다. 중요한 것은 세계 곳곳에 흩어져 있다는 것만으로는 세계를 움직이는 동력원이 될 수 없다는 사실이다. 구슬이 서 말이라도 꿰어야 보배라는 속담처럼 각 지역의 거점인(據點人)들을 발굴해 서로의 에너지가 선순환적 상승작용을 할 수 있도록 유기적인 네트워킹을 하는 것이 중요하다.

이 일은 세계 선교의 대미를 이루기 위해 반드시 해야만 하는 일이다. 나는 오래전부터 이 꿈을 가지고 있었다. 이 일을 위해서는 먼저 소위 각 지역에서 내공을 쌓은 인재들을 찾는 것과 아울러 그들이 가진 엑기스를 전 세계의 리더십들과 교류할 수 있도록 장을 마련하는 것이 필요하다. 이것이 제대로 이뤄진다면 한국교회가 국제적인 차원에서 세계교회사적인 흐름을 이끄는 결정적인 계기가 될 것이다.

성경의 위대한 인물 중에는 어쩔 수 없이 조국을 떠났던 디아스포라들이 적지 않다. 대표적인 인물로 이스라엘의 민족사와 구원사를 다시 썼던 요셉과 다니엘, 모세와 느헤미야, 신약의 바울과 바나바, 한국교회의 도산 안창호를 꼽을 수 있다. 이만열 숙명여대 명예교수는 "세계의 역사는 적극적인 이민자들에 의해 변화되고 발전되어 왔다."라고 말한다. 미국 9·11사건은 더 이상 서구 선교사로는 세계 선교의 마지막 과업을 이룰 수 없다는 것을 단적으로 보여 주었다. 우리가 한민족의 디아스포라에 다시 눈을 떠야 하는 이유가 여기에 있다. 이런 점에서 전 세계에 흩어져 있는 한인 디아스포라는 세계 선교의 마무리를 위해 하나님께서 준비하신 비밀병기라고 할 수 있다.

세계 선교의 마무리를 위해 우리는 믿음의 푸른 꿈을 꾸어야 한다. 초라한 제자들에게 세계 선교의 원대한 비전을 심어 주신 예수님을 생각한다면, 예수를 믿는다고 하면서도 이 꿈으로 가슴이 설레지 못하는 것은 신앙의 산송장과 같다. 전 세계의 한인 디아스포라를 신앙으로 네트워킹하고, 여기에 한국교회가 가지고 있는 새벽의 영성과 복음의 순수성을 접목시킨다면 하나님 나라가 폭발적으로 임하는 그날이 반드시 올 것이다.

말씀의 사자를 풀어 놓아라

요즘은 진리의 수난시대다. 사람들은 더 이상 진리를 환영하지 않는다. 왜냐하면 진리를 독선이라는 동전의 뒷면에 불과하다고 생각하기 때문이다. 한편으로는 왜곡된 관용주의의 영향으로 '너도 옳고 나도 옳다'는 식으로 진리의 남발이 성행하고 있다. 진리의 산을 오르는 길은 인구 수 만큼이나 많다는 것이 포스트모더니즘의 생각이다. 오늘날 교회는, 진리를 독선의 아류로 생각해 닿는 즉시 손가락으로 튕겨 내거나 혹은 푼돈만 내면 언제 어디서나 구할 수 있는 상점의 껌처럼 씹다가 아무 데나 뱉어 버리는 세상에 포위되어 있다.

진리 부재 혹은 진리 남발의 시대는 위험하다. 그 어느 편이든 간에 결과적으로 진리에 대한 치명적인 무관심을 낳기 때문이다. 그래서 위대한 복음주의 수호자였던 프란시스 쉐퍼는 도덕적 타락보다도 진리이신 하나님에 대한 무관심이 세속 사회의 근본 위기라고 갈파했다.

진리에 대한 무관심 내지 불감증은 바이러스처럼 교회로까지 전염되고 있다. 성경은 더 이상 진리이신 하나님을 찾는 문이 아니라 험한 세상을 살아가는 지혜서가 되어 버렸다. 천국과 지옥, 예수님의 십자가와 부활, 값을 치르는 제자도의 삶은 성경말씀을 선포하는 강단에서 점차 사라지고 있다. 강단에서 성경이 성경으로 가르쳐지지 않을 때 오는 무서운 위기를 지금은 텅 비어 버린 스코틀랜드 교회가 산 역사로 보여 주고 있지 않은가.

스코틀랜드는 장로교의 본산이다. 16세기 중반에 불꽃 같은 설교자였던 존 녹스를 통해 일어난 부흥의 불길은 영국의 전 지역으로 확산되면서 스코틀랜드 장로교의 태동이 됐다. 그러나 반세기 전만 해도 성도로 가득 찼던 스코틀랜드 교회가 지금은 나이 많은 교인들 외에는 찾는 이가 없을 정도로 텅 비어 있다. 그 이유를 고든 콘웰 신학교에 있는 이문장 교수의 말에서 찾을 수 있다. "스코틀랜드 교회에 도대체 무엇이 잘못되었는가? 그곳의 젊은 목회자들은 이구동성으로 '성경을 가르치는 데 실패한 것이 가장 뼈아픈 실수'라고 지적한다." 교회가 차고 넘치던 시기에 말씀을 가르치는 수준을 높이고 예수님의 제자도를 뿌리 내리도록 하는 데 실패했다는 것이다.

그런데 교회사적으로 우리가 주목해야 할 중요한 사실이 있다. 스코틀랜드의 교인들이 썰물처럼 빠져나갔던 시기는 유럽의 신학계가 비평적 성경연구에서 괄목할 만한 학문적 업적을 이루었던 시기와 일치한다는 것이다. 이 사실은 이성만을 앞세운 성경비평이 교회의 삶에 결코 긍정적이지 않음을 말해 준다. 성경을 연구하는 것은 참으로 중요한 일이다. 그러나 우선순위가 뒤바뀌면 사도 베드로의 경고처럼 "억지로 풀다가 스스로 멸망하는" 영적 패가망신으로 이어질 수 있다.

1949년 샌버나디노 산에서 열린 기독교 대회에 빌리 그레이엄이 참석했다. 당시 열병처럼 퍼졌던 성경비평에 물든 친구로부터 도전을 받고 성경이 모두 옳다는 믿음이 흔들렸던 그레이엄 목사는 숲 속에 들어가 나무 그루터기에 성경을 올려놓고 그 유명한 기도를 드렸다.

"주여, 이 성경말씀을 모두 이해하지도 못하고 설명하지도 못하지만 모두 당신의 말씀으로 받아들입니다."

이때부터 빌리 그레이엄의 사역 전성기가 시작되었음은 불문가지다.

중요한 것은 성경을 변증하지 말고 그대로 받아들이고 믿음으로 선포하라는 것이다. 성경은 마치 동물의 왕 사자와 같다. 누가 사자를 변호하고 보호해 준다는 말을 할 수 있겠는가? 사자는 풀어 놓으면 스스로 자신을 능히 지킨다. 성경말씀도 이와 같다. 우리가 성경을 고고학적으로, 변증학적으로 변호할 수 있지만, 더 중요한 것은 성경을 하나님의 말씀으로 받고 선포하기만 하면 말씀 자체가 능력으로 역사한다는 것이다. 이제 말씀의 사자를 풀어 놓아라! 이것이 한국교회가 사는 길이다.

긍휼과 화해의 파종자(播種者)

대학부 시절 많이도 불렀고, 지금도 가슴 깊이 남아 있는 노래가 있다.

"한 마음을 주소서. 끊을 수 없는 사랑의 줄로, 하나님은 한 분, 우리 왕도 한 분, 한 몸이오니 찬양케 하소서."

서로 손을 잡고 노래를 부르면서 그리스도의 피로 맺어진 한몸됨의 감격을 나누었다. 이러한 그리스도인의 특권인 하나됨을 싫어하고 해치려는 세력이 있다면, 그것은 세상에 속한 자이다. 성경은 분열을 일삼는 사람을 육신적이요 성령이 없는 사람이라고 선언했다.

하나됨은 그리스도인의 영원한 주제요, 사명이다. 예수님께서 못 박히시기 전날 밤, 성부 하나님께 올려드렸던 가장 큰 기도의 제목은 "아버지와 내가 하나인 것처럼 그들도 하나 되게 하소서."였다. 우리는 왜 하나가 되어야 할까? 교도소선교회를 세워 세계적인 사역을 하고 있는 찰스 콜슨은 "교회가 하나 되어야 할 주된 이유는 바로 적대적인 세상 때문이다."라고 대답했다. 지금도 반기독교적인 세력들은 호시탐탐 교회의 이름을 더럽히고, 교회의 영향력을 위축시키기 위해 발버둥을 치고 있다. 그러므로 예수님을 세상의 유일한 구세주로 믿고 섬기는 교회는 내부적으로는 이견이나 갈등이 있을 수 있지만, 교회의 울타리를 넘는 순간 "하나 되라"는 예수님의 말씀을 생명처럼 지켜야 한다. 이런 점에서 한국교회는 "무신론이라는 공동의 적에 대항해 공동전선을 펴는 것이 교회의 시급한 의무"라고 말한 위대한 사상가 솔제니친의 말을 다시 가슴에 새길 필요가 있다.

이를 위해 먼저 교회는 하나님의 거룩한 전을 자신의 사리사욕을 채우는 '강도의 소굴'로 만들고 주님의 몸 된 교회를 세상적인 범죄를 가리는 방어막으로 이용하는 자를 향해 "불법을 행하는 자들아, 내게서 떠나가라"고 소리치시는 예수님의 벼락같은 말씀을 들어야 한다. 동시에 무신론, 세속주의, 반기독교 사상이라는 무서운 적과 싸우기 위해 교회 내에서 때로는 광명의 천사로, 때로는 의의 일꾼으로 가장하여 분란과 상처를 만들어내는 마귀적인 요소를 뽑아내고, 긍휼의 씨앗을 뿌리는 파종자(播種者)가 되어야 한다. 전투에서 가장 큰 불행은 아군끼리의 살상행위이다. 교회가 내부적으로 상처 주는 것을 멈추고 긍휼의 파종자가 되어, 하나가 되어야 하는 이유는 그럴 때에만 세상의 갈등이 통합되고 상생으로 나아가는 생명의 길을 열 수 있기 때문이다.

예수님께서는 이미 우리에게 이 길을 보여 주셨다. 역사적으로 사마리아와 유대인의 수백 년간에 걸쳐 내려온 뿌리 깊은 반목과 갈등을 해결한 것은 주전 2세기 히르카누스 1세의 군사적 통합이나 유대지역의 왕이었던 헤롯의 정치적 화해정책이 아니라 생명을 최우선으로 했던 '예수의 길'이었다. 이 길은 화해의 길이요, 통합의 길이요, 생명의 길이다. 우물가 사마리아 여인의 메마른 심령을 생명수로 채운 것도, 강도 만난 자의 친구로 유대와 사마리아의 적대감을 해체시킨 선한 사마리아인의 긍휼도 '예수의 길' 위에서만 가능했다.

그리스도인의 토대는 친교와 연합을 뜻하는 코이노니아에 있다. 진정한 코이노니아의 삶을 위해서는 남을 나보다 낮게 여기는 신앙의 인격이 따라야 한다. 인격은 사람을 이해하는 깊이에 비례한다. 자신의 생각과 다르다는 이유로 인격살인이

횡행하는 요즘, 우리에게 진정으로 필요한 것은 타인의 가슴에서 해답을 찾을 수 있는 겸비한 눈과, 의견이 다른 자들에게도 기꺼이 호혜적 손길을 내미는 선한 의지이다.

날마다 남을 나보다 낫게 여기는 긍휼과 화해의 파종자로서 뚜벅뚜벅 예수님의 길을 걸어가라. 그럴 때 교회가 과유불급의 위기에 처해 있는 우리 사회의 균형자로, 불신시대의 화해자로 거듭날 수 있을 것이다.

황혼을 새벽으로 바꾸는 교회

세상에 무한정의 에너지라는 것은 없다. 적어도 우리 세대에는 걱정 없을 것처럼 보였던 석유자원이 점점 바닥을 드러내고 있다는 사실에 크게 위기를 느끼고 있다. 여력이 있을 때 제대로 대비하지 못하면 나중에는 가래로도 막지 못하는 때가 온다는 것이다. 지금의 사회적 진통이 국가적인 누수가 아니라 창조적 긴장과 생산적 에너지를 쌓아 가는 성장통이기를 바라며, 결코 남미의 몇몇 나라처럼 귀환불능지점을 넘어서지 않기를 기도하고 있다.

현재의 우리 사회의 모습은 한국교회의 거울이다. 한국교회는 지난 세기 세 번의 기회를 맞았다. 첫 번째는 1907년 평양대

부흥을 통해 이 민족이 일제 암흑시대를 이겨내고 순수한 복음을 지켜낼 수 있는 힘을 축적하였다. 두 번째는 1948년 제헌 국회를 개원할 때 기도로 시작하였고, 6·25한국전쟁 때 민족의 선두에 서서 눈물의 기도를 쉬지 않았으며, 이 민족과 영적 호흡을 같이 했다. 그 당시부터 70년대 중반까지 전국의 산지는 밤낮으로 기도의 메아리가 멈추지 않았다. 이것이 70년대부터 한국교회의 부흥이라는 세 번째 기회를 가져왔다. 교회의 영적 잠재력은 폭발적으로 가속화되었고, 100명의 성인 출석 교회가 300-400명의 주일학교 학생들을 감당하는 놀라운 일들이 일어났다. 이 부흥의 여진은 80년대까지 이어졌다.

그러나 한국교회는 주일학교 등에서 이루어진 부흥을 내실화시키는 시스템에서 실패하였다. 그 결과 교회는 이 금쪽같은 기회를 복음의 발산으로 이어가지 못한 채 현실에 안주하면서 서서히 에너지를 소진하였고, 그 때문에 90년대 이후로 지금까지 그 대가를 톡톡히 치르고 있다. 한국교회가 겪는 현재의 어려움은 10년 전, 15년 전부터 교회가 자기 정체성과 영적 역동성을 유지하지 못한 채 세속주의에 잠식되면서 교회의 교회 됨을 포기했던 결과일 수 있다. 역설적으로 이것은 10년, 20년 후의 이 민족의 운명은 지금 교회가 취하는 태도에 의해 결정될 수 있음을 말하고 있다.

교회가 세상으로부터 부름받은 거룩한 자들의 모임이라는 것은 부인할 수 없는 사실이다. 그러나 오늘 한국교회는 여기에만 만족한 채 교회의 또 다른 날개인 세상으로 나가야 하는 소명에 대해서는 눈을 감고 있는 경향이 있다. 초대교회는 양립적이었다. 하나님 앞에 서 있었지만 세상 앞에 서 있었고, 세상 앞에 서 있었지만 하나님 앞에 서 있었다. 교회의 운명은 무엇이 교회를 채우고 있느냐에 달려 있다. 거룩한 두려움으로 가득찼던 교회는 세상을 바꾸었지만, 세속주의에 물든 교회는 세상으로부터 조롱만 당할 뿐이다.

항해하던 배가 갯벌에 좌초되었다면 그 좌초된 배를 어떻게 끄집어낼 수 있을까? 내려가서 온몸에 진흙을 묻히며 애를 써도 소용이 없다. 갯벌에 박혀 있는 배를 손상 없이 끌어내는 길은 딱 하나밖에 없다. 밀물이 쏟아져 들어오면 되는 것이다. 한국교회도 마찬가지이다. 갯벌에 좌초되어 있는 한국교회가 다시 일어나서 세상의 소금과 빛의 소명을 지속하는 길은 성령의 능력에 붙들림으로 은혜의 밀물, 기도의 밀물이 쏟아져 들어오게 하는 것이다.

교회가 진정으로 하나님을 두려워하기까지 세상은 교회를 두려워하지 않을 것이다. 이 일은 힘으로도 안 되며 오직 성령으로만 가능하다. 알렉산드리아의 클레멘스는 당시 로마의 반기독교사상을 격파시키고 변혁시킨 교회를 보면서 "그리스도는 모든 황혼을 새벽으로 바꾸어 놓으셨다."라고 말했다. 그리스도의 몸 된 한국교회가 보혜사 성령을 힘입어 그리스도의 영광을 회복한다면 이 땅에서 하늘의 능력을 보이는 교회의 영광을 되찾을 수 있을 것이다.

삼허(三虛)와 삼실(三實)

"철밥통이 깨지고 있다." 최근 신문 일면을 장식했던 헤드라인이다. 모 유명대학에서 연구부진을 이유로 교수들을 퇴출시키는 초유의 사태가 일어나자 언론에서 크게 기사화한 것이다. 사전에도 없는 '철밥통'은 무능해도 법에 따라 신분을 평생 보장받는 만년직장을 의미한다.

진짜 철밥통은 아무리 패대기 쳐도 깨질 수 없다. 험하게 다루면 약간의 흠집이 날지 모르겠지만 그 단단한 것이 부서질리 만무하다. 그런 철밥통이 깨진다는 것은 사실 표면만 철일 뿐 안은 텅 빈 사이비이기 때문이다. 빈 깡통은 조금만 흔들어도 시끄러운 소리가 나게 되어 있고, 부실한 것은 한꺼풀만 벗겨내면 텅 빈 몰골을 드러내기 마련이다. 철밥통이 깨지고 있다는 말은 더 이상 허장성세가 발붙이지 못한다는 점에서 우리 사회가 정상궤도로 들어서고 있다는 반가운 반증일 수 있다.

꽉 찬 것은 아무리 흔들어도 소리가 나지 않는다. 요즘 한국교회는 우리 사회가 시도 때도 없이 여기저기서 흔들어 대고 있기 때문에 멀미가 날 지경이다. 사회가 흔들어 댈 때마다 교회는 비명소리를 내고, 격앙된 모습을 보인다. 주님의 몸 된 교회가 하나님의 영광을 잃어버리고 수치를 당할 때 성도라면 단장(斷腸)의 아픔을 느끼는 것은 당연한 일이다.

그런데 사회가 교회를 조금만 흔들어도 왜 그렇게 요란한 소리를 내는지는 한번 숙고해 볼 일이다. 어쩌면 그것은 한국교회가 가지고 있는 고질적인 삼허(三虛)라는 병폐 때문인지 모른다.

삼허란 허상(虛想), 허세(虛勢), 허수(虛數)를 말한다. 본질보다는 부수적인 것에 힘을 낭비하고, 교세를 과장하고, 교인 수를 부풀리는 것이 삼허라 할 수 있겠다. 교회가 삼허의 중병에 걸려 있다는 것은 불신자들도 잘 알고 있다. 그래서 더욱 교회를 흔드는지도 모른다.

수 년 전에 한국갤럽연구소가 한국교회 미래를 준비하는 모임의 의뢰를 받아 "한국교회 미래 리포트"를 발표한 적이 있었다. 신자와 비신자 1천 명을 대상으로 기독교인의 교회 활동과 신앙생활을 일목요연하게 분석한 것인데, 그중에 나의 눈길을 끌었던 질문과 대답이 있었다. "한국교회가 갖고 있는 가장 큰 과제, 또는 문제점은 무엇이라고 생각합니까?"라는 질문에 여러 가지 대답이 나왔는데, 흥미롭게도 신자와 비신자 모두가 교회의 가장 큰 문제점으로 꼽은 것은 "교회가 내적인 면보다 외적인 모습에 너무 치중하고 있다."는 것이었다.

한국교회가 불신자들의 흔듦에도 요동하거나 소리를 내지 않고 깊은 물처럼 우리 사회의 심장부까지 예수의 피로 적시는 길은 삼허를 버리고 실세(實勢)와 실수(實數)와 실상(實像)의 삼실(三實)을 회복하는 데 있다. 이럴 때에만 교회는 빈 소리를 내지 않고 교인들은 신앙과 삶의 불일치라는 고질병에서 자유로울 수 있을 것이다.

교회가 삼허를 버리고 삼실로 가기 위해서 사랑의교회는 몇 년 전부터 "정직한 나, 감사하는 우리, 정감 넘치는 사회"를 모토로 정감(正感)운동을 실천하고 있다. 작은 일에서부터 정직하고, 작은 것에서부터 감사하는 것이야말로 한국교회의 내실을 키우는 첩경이라고 할 수 있다.

한국교회가 삼허를 버리고 삼실을 회복함으로써 언제 깨질지 모르는 위장된 철밥통이 아니라, 아무리 흔들어도 요동하지 않는 명실상부한 금밥통이 되어 영적으로 굶주린 사회를 거뜬히 먹여 살리는 거룩한 노블레스 오블리주의 역할을 다할 수 있기를 바란다.

교리의 재발견으로 교회의 뼈대를 세우라

'머스트 해브'(must have)라는 표현이 유행해 많이 쓰이곤 한다. "당신에게 자존심이 있다면 이 정도는 가지고 있어야 한다."는 뜻일 것이다. 오늘날 한국교회의 위기는 정체성의 위기라고 말하는데 정체성이란 '머스트 비'(must be)라고 말할 수 있다. "당신에게 자존감이 있다면 적어도 이 정도는 되어야 한다."는 것이다. 이런 점에서 정체성의 상실은 존재의 마지노선이 무너지는 것과 같다. 정체성의 상실에서 오는 비참함은 "소금이 그 맛을 잃어버리면 밖에 버려져 사람에게 밟힐 뿐"이라는 예수님의 말씀에서 처절하게 나타난다.

모 방송사에서 한국교회의 문제점을 특집으로 다룬 적이 있었는데 순식간에 천 개가 넘는 댓글이 달렸다. 거의가 교회에 대한 비난과 비판 일색이었다. 이러한 반기독교적 정서는 대중의 일시적인 적대감을 넘어 사회적인 현상이 되고 있다. 보도 내용의 공정성이나 왜곡의 진위를 따지는 것은 더 이상 문제의 본질이 아니다. 정말 가슴 아픈 것은 교회가 아무리 해명해도 사람들은 들으려 하지 않고 차가운 돌팔매질을 하고 있다는 것이다.

맛을 잃어버린 소금처럼 정체성을 잃어버린 교회는 겉모습이 어떠하든 더 이상 하나님의 교회일 수 없다. 위대한 장수(將帥)는 칼을 탓하지 않는다. 세상이나 환경을 탓하는 것은 비겁한 변죽일 뿐이다. 지금은 교회가 세상을 향해 억울함을 토로하기 전에 변질된 교회를 향한 하나님의 탄식을 들어야 할 때이다. 독생자의 피 값으로 산 교회가 머리 깎인 삼손처럼 힘을 잃고 세속의 온갖 기둥에 묶인 채 세상의 조롱거리가 된 것을 보시고 안타까워하시는 하나님의 눈물을 보아야 한다.

교회의 정체성 회복을 위해 우리는 성경말씀을 교회의 뼈대로 삼는 것에서부터 다시 시작해야 한다. 지난 2천여 년의 교회사를 살펴보면 하나님의 쓰임을 받은 단체나 개인은 성경의 핵심가치를 얼마나 강화했느냐에 따라 결정되었다. 만일 교회가 말씀의 핵심가치로 강화되고 하나님의 때를 채우게 된다면 그

순간 영적 파도가 일어나면서 모든 수치를 씻어내고 영광스러운 하나님의 얼굴을 회복하게 될 것이다.

요즘 기독교계 방송을 보면서 나를 포함해 설교자들의 설교방송이 너무 가볍고 얕지 않나 하는 깊은 고민이 있다. 설교자는 에스겔처럼 하나님의 말씀을 그대로 전하는 말씀의 파수꾼이 되어야 한다. 본래 기독교는 성서신학적, 실천신학적, 역사신학적, 변증신학적, 교의신학적으로 타종교가 감히 범접할 수 없는 공교회의 강력한 신앙의 뼈대로 세워져 있다.

지금 한국교회는 그동안 외면했던 교리의 가치와 깊이를 재발견해야 할 때이다. 사실 그동안 한국장로교회의 배타적 교리주의로 인한 분열의 역사 때문에 교회 내에서 교리가 외면받은 면이 있다. 그러나 배타적 교리주의는 배격하더라도 신앙적 교리의 뼈대는 다시 회복해야 한다. 교리는 신앙의 금광맥과 같다. 올바른 교리가 없다면 신자의 신앙관도, 기독교적인 세계관도, 기독교적인 가치관도 존재할 수 없다.

한국교회가 이를 위해 다시금 책꽂이에만 꽂아 두었던 신앙고백과 신앙교리서들을 꺼내 제대로 가르쳐야 한다. 박제화된 교리에 생명의 불을 붙여야 한다. 교리는 성경 속에 나타난 하나님의 말씀의 형상화요, 계시의 구조물이라고 할 수 있다. 한국교회가 성경의 핵심가치인 교리의 재발견을 통해 교회의 뼈대를 다시 세우고 실천함으로써 이단의 공격에서는 물론이요 사회로부터의 수치와 불신에서 신뢰와 자랑으로 거듭나는 은혜가 있기를 간절히 바란다.

5부_ 역사를 품고 미래로

역사의 두께를 쌓는 사람들   건강한 영적 토대   교회가 하나 돼야 통일된다
비전 100년을 위한 인재 양성   세계 영적 지형도를 바꾸라   홍해 앞에 선 나라를 위해 기도하라
애국심과 그리스도인   위정자를 위한 4중 기도   민족의 거룩한 새판 짜기   역사에 개입하시는 그리스도

역사의 두께를 쌓는 사람들

 오래전에 두어 달 동안 중국의 22개 성을 두루 다닐 기회가 있었다. 그때 중국 역사에 조예가 있었던 한 지인으로부터 "중국의 역사는 길이가 아니라 두께로 말해야 한다."라는 말을 들었다. 중국의 여러 성을 돌아보면서 그 말의 의미를 실감했고, 기억 속에 새겨둔 그 말은 지금도 내 삶이 분주해질 때마다 사역의 흐름을 놓치지 않게 하는 경계석이 되고 있다.

 두께로 말하는 역사는 과거에 무엇을 했기 때문에 현재의 정통성을 주장하는 것이 아니라, 지금 무엇을 하고 있기 때문에 미래를 책임지는 역사이다. 오랜 역사도 나름의 의미를 가질 수 있지만, 미래를 담보할 수 없는 것이라면 언젠가는 종잇

장처럼 얇아져 역사의 무대에서 사라질 수 있다. 예컨대 영국 교회는 복음주의의 산실이요, 18-19세기의 종교개혁의 진원지였지만 과거에 안주하고 현실에 무감각해지면서 머리 깎인 삼손처럼 한탄과 구관심의 대상으로 전락하고 말았다.

계림의 곡부를 찾은 적이 있다. 그곳에는 공자의 묘가 있고, 거기에서 40km쯤 떨어진 곳에 맹자의 묘가 있다. 중국은 예부터 공자를 왕의 반열에 올려 놓고, 곡부의 묘는 거의 왕릉 수준으로 꾸며 놓았다. 반면에 맹자는 아성(亞聖)이라고 하여 성인에 버금가는 정도로 치부하고 있다.

그런데 후대 사가들은 맹자를 중국의 정신사에서 기막힌 역할을 한 인물로 평가하고 있다. 그는 공자의 사상을 뒷받침하면서도 다음 세대로 건너갈 수 있는 다리 역할을 했다는 것이다. 이런 면에서 강희제를 이은 옹정제는 맹자에게서 동병상련의 심정을 느꼈고, 맹자의 묘에 수선대후(守先待後)라는 편액을 내렸는데 이는 "선대가 남긴 좋은 전통과 유산을 지키고 후대를 대우한다."는 뜻이다. 편액의 글이 섬광처럼 와 닿았다. 옹정제는 자신의 말처럼 건륭제라는 태평성세로 나아가는 시대의 연결고리가 되었다. 그는 역사의 주인공을 자신보다는 다음 세대에서 찾았으며, 준비하는 역사의 교각이자 시대의 연결고리로서 자신의 위치를 잊지 않은 것이다.

내가 사랑의교회에 부임한 지 어느덧 몇 해가 지났다. 당시 적지 않은 사람들이 대형 교회의 2대 목사로 가는 것은 목회의 무덤을 파는 것이라고 말했다. 실제로 과거 교회 역사를 돌아 보면 대형 교회에 2대 목사로 취임해 제대로 자리를 잡은 경우를 거의 볼 수가 없다. 그 원인으로 크게는 교회 창립의 목회 철학의 실종, 교인들의 넘치는 기대 수준, 원로와 후임의 갈등, 과거의 명성에 함몰된 채 온고지신의 정신을 상실하는 것 등을 생각할 수 있을 것이다.

사랑의교회에 부임하면서 깊이 품었던 것 중 하나는 선대와 후대를 잇는 다리로서 복음의 세대계승에 성공하는 목회자였다. 나에게 영적 의미에서의 수선대후는 과거에 신앙의 선배들이 쌓은 은혜의 터 위에서 복음으로 건강한 미래를 세우는 세대계승이라고 할 수 있다. 영국교회의 실패는 복음의 세대계승에 실패한 데서 비롯되고 있다. 세대계승의 핵심은 과거를 인정하고 미래를 믿는 것이다. 역사는 자신을 역사의 주인공으로 자만하는 개인이나 나라에 결코 역사의 주연을 내주는 법이 없다. 대신 역사의 주인공을 후대에 넘기고 자신을 세대의 연결고리로 생각하며 미래 세대를 준비하는 자에게 진정한 기회를 주었다.

역사의 두께란 시간의 축적이 아니라, 세대 간의 튼실한 연결고리가 쌓여 생기는 것이라 할 수 있다. 개인과 국가가 과거 세대의 공력과 미래 세대의 영광을 생각하며 세대 간의 연결고리를 자처할 때 길이가 아니라 역사의 두께를 쌓음으로써 우리의 청청한 미래가 담보될 것이다.

건강한 영적 토대

 지난 100년간 대한민국의 생존은 불가사의라 할 수 있다. 수십 년 동안 온갖 착취를 당하면서 자기 말조차 빼앗겼던 식민지로 신음했고, 광복의 기쁨을 채 누리기도 전에 세계 역사상 가장 비참한 동족상잔의 전쟁으로 나라 전체가 절단되기도 했다. 70-80년대에는 대학가마다 최루탄과 화염병이 밤낮 없이 날아다녔고, 불과 10여 년 전에는 IMF라는 국가 부도로 회복할 수 없는 깊은 수렁에 빠졌으며, 이런 와중에도 골 깊은 지역감정과 끝없는 이념 대결로 국가적인 누수가 일상화되었던 나라가 바로 대한민국이었다.

 그런데 1960년대 초 아프리카의 최빈국 경제 수준에 지나지 않았던 우리나라가 지금은 같은 시기에 건국한 아프리카 53개 국의 GDP를 모두 합친 것보다 많고, 멕시코를 제외한 중남미 34개 국의 무역수지와 비슷한 규모를 가진 세계 11위권 경제국가로 성장했다.

생존 자체가 의심되었던 나라가 이제는 첨단 정보기술을 선도하는 나라로 전 세계에 우뚝 선 현실은 20세기의 불가사의라 해도 결코 지나친 말이 아닐 것이다.

그러나 세상에 뿌리 없는 열매가 없듯 20세기 대한민국의 놀라운 성장과 발전은 20세기 초의 평양대부흥과 같은 튼실한 영적 토대에서 비롯된 것임을 잊지 말아야 한다.

예를 들면 우리나라를 IT 강국으로 거듭나게 한 가장 중요한 근거의 하나로 한글을 꼽고 있는데, 한글은 손가락 두세 마디에 불과한 휴대전화 자판에도 완벽하게 넣을 수 있을 정도로 대단하다는 평가를 받고 있다. 이렇게 위대한 한글을 이 땅에 뿌리 내리게 한 일등 공신이 선교사들이 번역한 한글 성경이었다. 또한 근세 초기 이 땅에 기독교가 들어올 때부터 술과 도박, 담배를 금지함으로써 민족의 절망적인 상황을 반전시키고 희망의 씨앗을 뿌린 것도 교회였다.

세계 역사는 나라의 진정한 융성이 건강한 영적 토대에 달려 있음을 분명하게 보여 주고 있다.

19세기 대영제국의 성장과 영향력은 웨일스의 부흥과 윌리엄 윌버포스의 정직운동이 그 영적 디딤돌이 되었다. 20세기 미국이 초강대국으로 우뚝 서게 된 배후에는 19세기 말과 20세기 초 일어난 대각성과 제레미아 램파이어의 평신도 기도운동, 그리고 사무엘 밀즈의 건초더미 기도회에서 시작된 학생 선교사 헌신운동(Student Volunteer Movement)이 있었다. 복음의 빛이 언더우드 같은 선교사를 통해 우리나라에 비칠 수 있었던 것도 이러한 영향 때문이라고 할 수 있다.

우리에게는 역사의 속까지 입체적으로 투시하는 영적사관(靈的史觀)이 필요하다. 이러한 역사관을 갖춘 사람은 현재의 대한민국이 1907년의 대각성운동에서 성장의 터가 닦이고 60-70년대 한국교회 부흥에서 발전의 기둥이 세워졌음을 선명하게 볼 수 있다.

또한 90년대 중반 이후 우리나라가 정치, 사회, 경제적으로 어려웠던 배후에 교회의 침체가 있었던 것도 간파할 것이다. 대한민국의 성장과 퇴보는 교회의 부흥과 침체에 따라 그 궤를 같이했던 것이다.

그러므로 한국교회는 이 민족의 새로운 100년의 불가사의도 기독교의 자기희생 터 위에 펼쳐질 것이란 믿음으로 그 심장이 고동쳐야 한다. 바벨론 70년의 포로생활 후에 이스라엘 민족이 회복된 것처럼, 머잖아 광복 70년이 되기까지 남북으로 갈라진 이 땅이 온전하게 회복될 것이라는 거룩한 설렘이 이 꿈을 품은 자마다 있을 것이다.

교회가 하나 돼야 통일된다

교회의 분열은 민족 고통의 시작이었다.

"교단적으로 분열의 씨앗이 배태된 1949년도 이후 6·25한국전쟁이 터졌고, 1959년 합동과 통합의 분열 이후에 4·19와 5·16이 일어났으며, 1979년 또 다른 분열 이후에 광주에서 민족의 비극이 발생하였다."

예전에 기도하는 어른들로부터 들은 이 말은 사실의 시시비비를 떠나 영혼의 폐부를 깊이 건드리는 말이었다. 이런 점에서 반세기 이상 분열되었던 장로교회의 4대 교단(통합, 합동, 합신,

기장)이 제주도에서 드린 연합예배는 교회의 일치와 연합과 갱신을 위한 작은 시작이었지만, 곧 큰 발걸음이 될 것이다.

일찍이 위대한 신앙의 선배인 어거스틴은 "분열은 마귀의 획책"이라고 갈파한 바 있다. 교회 안에서 서로 간에 상처를 주는 적대적 행위와 분열은 더는 용납할 수 없는 죄악이요, 사회로부터 버림받는 자멸의 길이다. 교회는 분열의 옷을 벗고 일치와 연합 속에서 진보와 보수, 좌우의 상처를 치료하는 거룩한 중보자의 역할을 감당해야 한다. 이런 마음으로 연합예배의 기도시간에 간절히 기도하였다.

> "한국교회가 하나 되어 그리스도의 사랑과 복음으로 세상을 섬기고, 섬김으로 하나 되어 다시 한 번 생명의 공동체로 민족의 소망으로 우뚝 서게 하옵소서."

한국교회가 연합과 일치와 갱신을 통해 역량을 결집할 때, 동아시아의 평화와 복음화의 길이 열릴 것이고, 나아가 쇠퇴일로에 있는 서구 기독교에 다시금 부흥의 불을 지피는 거룩한 불쏘시개의 사명을 다할 수 있을 것이다.

교단 연합예배의 절정은 3,950명의 교단지도자들이 마음의 베옷을 찢는 회개기도에 있었다. 지도자부터 교회 분열의 죄,

세상의 빛과 소금의 소명을 다하지 못한 죄, 특히 1938년 27차 총회에서 신사참배를 결정했던 잘못에 대해서 두 손 들고 눈물로 회개하였다. 신사참배 가결 70년 만의 일이었다.

나는 주일예배시간에 그동안 분열되었던 4대 교단의 감격스러운 연합예배를 언급하면서 이것이 실제적으로 통일시대를 준비하는 단초가 될 것이라고 이야기했다. 그런데 우리 속에는 통일 비용에 대한 과도한 염려 때문에 현재의 자리에 안주하기를 바라는 마음이 없지 않다. 그러나 눈을 크게 떠야 한다. 이것은 언젠가 독일 베를린 연합집회를 하면서도 거듭 확인한 것이다. 그때 함께한 독일인의 말에 크게 공감한 적이 있었다.

"서로를 치명적으로 고갈시키는 군비 경쟁을 하지 않는 것만 해도, 민족의 뿌리와 자긍심이 회복된 것만으로도, 그리고 동독의 그 아름다운 박물관을 누리는 것만 해도 엄청난 통일비용을 충분히 커버하고 남을 것이다."

남북 통일시대에 우리가 함께할 북한의 백두, 금강, 칠보, 묘향의 아름다운 산하들, 수많은 지하자원은 물론이요, 통일된 남북의 혈관에 흐를 민족적 형제애를 만끽할 때 우리가 누릴 가슴 벅찬 자긍심은 감히 돈으로 환산할 수 없는 것이다. 어찌 이것뿐이겠는가? 지금도 오직 예수님만을 소망으로 삼고 자유의 그날을 위해 오매불망 기도하는 신앙의 형제들을 감격의 눈물로 만나는 것만으로도 한국교회는 통일시대를 위해 전력투구해야 할 충분한 이유와 책임이 있는 것이다.

지금은 웹 2.0의 시대이다. 일방통행이 아니라, 상호 소통과 네트워킹이 오늘날의 시대정신이다. UCC, You Tube, 블로그를 통해 세상은 이미 너무도 빠르게 상호소통의 시대로 접어들고 있다. 교회의 일치(unity)와 연합(networking)은 21세기 사회와 소통하고, 통일시대로 가는 절대적 필요충분조건이기에 한국교회는 겸손하면서도 대담하게 이 길을 열어 가야 할 것이다.

비전 100년을 위한 인재 양성

21세기가 시작되면서 컨설팅으로 유명한 맥킨지가 "인재 전쟁"이라는 리포트를 낸 적이 있다. 27개 초일류 기업과의 5년에 걸친 공동 연구와 2백 개 기업에 대한 설문조사를 토대로 밀레니엄 시대에 국가와 기업의 승패는 인재 확보에 달려 있으며, 그에 따른 승자 독식과 패자 몰락의 전쟁이 이미 시작되었다는 무서운 보고서였다.

우리나라가 전쟁의 폐허에서 기적처럼 세계 경제의 무대에 설 수 있었던 것도 인재 양성에 성공했기 때문인데, 그 중심에 바로 한국교회가 있었다. 1907년의 평양대부흥 전후로 800개의 학교가 세워졌고, 배재고나 이화여고처럼 지금까지 100년 이상의 전통을 가진 고등학교가 30여 개에 달하는데 이 중 절대 다수가 기독교 정신에서 세워졌다. 이들 학교는 개화기와 일제 식민지의 암흑기, 6·25한국전쟁의 폐허 위에서도 인재 양성을 통해 민족을 살리는 데 앞장섰다. 예를 들면, 남강 이승훈 장로가 세웠던 오산학교에서 고당 조만식, 단재 신채호의 가르침 속에 주기철 목사, 함석헌 선생, 이중섭 화가 등이 배출되었다.

며칠 전 한반도 평화를 위한 모임이 있었다. 신학적으로 보수와 진보를 망라한 인사들이 참석해 남북통일과 국민 통합을 위해 함께 고민하고 기도하는 시간을 가졌다. 신학적으로 다양한 배경과 생각을 가졌음에도 불구하고, 한 가지 문제에는 마음을 같이 했다. 즉, 한국교회가 다시 부흥의 길로 들어서고 이 민족의 견인차가 되기 위해서는 무엇보다도 사라진 야성과 전투력을 회복하고, 한국교회의 자원과 역량을 결집해야 한다는 것이었다. 이를 위해 하나님 나라를 위한 인재 양성이 가장 필요한 최우선 과제임을 확인하였다.

그런데 교회가 추구하는 인재 양성은 세상의 그것과는 전혀 다르다. 세상은 소수의 엘리트를 목표로 하는 데 반해 교회는 각 분야에서 하나님 나라를 추구하는 일꾼을 양성하는 데 초점을 두고 있다. 세상은 특정 지식이나 능력을 소유한 유능한 사람을 찾지만, 교회는 기독교적인 영성과 성품을 가지고 기독교적인 가치관과 비전을 실천할 사람을 찾는다. 세상은 이 땅에서의 성공을 주장하지만, 교회는 새 하늘과 새 땅의 가치를 이 땅에서 열어 가는 것을 목표로 한다.

교회는 각개전투를 지양하고 통전적인 시각으로 100년 비전의 전략을 수립할 수 있는 R&D(Research and Development: 연구개발)센터를 세울 필요가 있다. 이를 통해 동아시아 기독교 공동체를 세우고, 위협적인 모슬렘의 확산을 대비하며, 한국 통일을 위한 제반 프로젝트를 선제적으로 계획하고 실행해 나갈 수 있을 것이다.

기독교 인재양성은 유년기부터 시작되어야 한다. 세상 지식은 벼락치기로 확보될 수 있을지 모르나, 성품은 어릴 때부터 뿌리를 내려야만 가능하기 때문에 신앙적인 자양분을 무한대로 빨아들일 수 있는 어린 시절부터 기독교적 가치관으로 교육하는 것이 필수적이다. 물론 이들은 소위 제도권적인 온실 속에서만 키워져서는 안 된다. 성경의 위대한 인물들을 보라. 대개는 광야 생활을 경험한 사람들이다. 모세, 다윗, 다니엘, 바울 등이 그러했다.

온실 속의 인삼과 같은 생명력으로는 하나님을 적대시하고 세상을 추종하는 세속주의의 질풍을 거스르고 역전시킬 수 없다. 이제 한국교회는 20세기 초 교회가 인재 양성을 위한 교육에 불을 지피고 민족중흥의 발판을 마련한 것처럼, 다시 비전 100년을 위한 인재 양성에 눈을 떠서, 하늘의 이슬과 풍상을 겪은 영적 야성을 가진 산삼과 같은 인물을 기르는 데 모든 화력을 집중해야 할 것이다.

세계 영적 지형도를 바꾸라

　한국교회는 세계교회에 큰 복음의 빚을 졌다. 19세기 후반부터 언더우드 선교사를 비롯해 수많은 선교사가 한국 땅에 묻히지 않았다면, 오늘의 한국은 지금과는 전혀 다른 영적 지형도를 그렸을 것이다. 우리가 일제의 식민치하에서 창씨개명이나 신사참배로 얼마든지 민족정신이 변색될 수 있었음에도 그 뿌리를 지킬 수 있었던 것은 선교사들이 순교의 각오로 전한 순수복음의 능력 때문이다.

　언제부터인가 한국교회는 세계교회로부터 받은 복음의 빚을 조금씩 갚고 있다. 세계 각처에 파송된 1만7천 명이 넘는 우리나라 선교사들이 복음을 심는 수고를 통해 선교지의 영적 지형도를 변화시키고 있다.

그런데 아프가니스탄에서 큰 어려움을 겪은 후 한국교회에는 해외 선교 문제에 대한 공감대가 형성되었고, 더 이상 물량적인 선교나 가시적인 선교로는 충분하지 않다는 결론에 도달했다. 이 일로 한국교회가 해외 선교를 둘러싼 미숙함과 세속성의 더께들을 벗겨낼 수 있는 힘과 안목을 가지게 된 것은 산고(産苦)의 귀한 교훈이라고 할 수 있다. 한마디로 좋은 구호나 열정만으로는 효과적인 선교를 할 수 없음을 가르쳐 준 것이다.

역사는 좋은 목적보다는 지혜로운 실천 방법에 더 무게를 두고 있다. 18세기 후반에 한·중·일은 각각 갑오개혁, 메이지유신 그리고 무술정변이라는 개혁을 일으켰다. 모두가 나라를 열고 서양의 문물과 제도를 받아들여 나라를 살리겠다는 좋은 목적을 가졌다. 그러나 일본은 비교적 성공한 반면에 한국과 중국은 실패했다. 역사가들은 실패의 이유가 목적이 아니라 방법에 있다고 평가했다. 이것은 개혁의 성패가 좋은 구호보다는 치밀한 방법에 달려 있음을 보여 준 것이다.

한국교회는 선교의 백년대계를 생각하는 영적 원모심려(遠謀深慮)가 진정으로 필요하다. 열정은 튼실한 목회철학으로 보완되어야 하고, 구호는 치밀한 선교전략으로 거듭나야 한다. 한국교회가 세계 선교에서 질적 도약을 이루는 길은 무엇일까?

한 사람의 목회철학에 기초한 제자훈련의 국제화와 새벽기도로 대변되는 한국교회 영성의 세계화에 그 답이 있다.

특별히 내가 관심을 갖는 것은 어떤 문화와 관습 속에서도 충분히 실행될 수 있는 제자훈련의 국제화이다. 한 사람에게 목숨을 거는 제자훈련은 한국교회가 세계교회의 질적 성장에 크게 기여할 수 있는 검증된 목회철학이다. 이미 사랑의교회에서는 25년여의 제자훈련을 통해 약 3천 명의 순장들이 작은 제자로 파송을 받고 다락방에서 섬기고 있다. 지난 22년여 동안 '평신도를 깨운다 제자훈련지도자세미나'를 통해 훈련받은 목회자들이 1만6천 명이 넘는다. 이 중에서 일본, 중국, 대만 등의 해외목회자들은 2천8백 명에 이른다. 제자훈련이 어렵다는 농촌이나 지방도시, 심지어 제자훈련의 터가 될 수 없어 보이는 교포 교회에서도 가능하다면, 전 세계 어느 교회에서도 가능한 것이다.

제자훈련의 목회철학을 국제화할 수 있는 길은 이미 우리 앞에 열려 있다. 남미 브라질에서 제자훈련지도자세미나를 열게 된 것도 제자훈련의 국제화가 본격적으로 시작되었음을 보여 주는 것이다. 제자훈련의 국제화는 하나님의 섭리 속에 그 터가 닦여 있다. 세계 178개 국에 흩어져 있는 한인 디아스포라의 2세대, 3세대들이 뿌리를 내리고 있고, 언어의 장벽을 돌파한 이들은 제자훈련을 국제화시키는 데 결정적으로 기여할 것이다. 이런 토대 위에 제자훈련이 국제화되어 작은 자가 천을 이루고 약한 자가 강국을 이루는 하나님 나라가 세계 곳곳에 세워짐으로 세계의 영적 지형도가 바뀌는 그날이 속히 오기를 꿈꾸어 본다.

홍해 앞에 선 나라를 위해 기도하라

　나라의 경제가 어려워지고 있다. 이를 반영하듯 경제지표라고 하는 증시는 심각한 장세를 연출하고 있다. 이러한 원인이 실물경제 탓이든 아니면 과도한 심리적인 패닉에 기인한 것이든 국가경제의 흐름에 뭔지 모를 균열이 생겼음은 분명해 보인다.

　그러나 위기와 불안 앞에서 그리스도인이 세상과 같을 수는 없다. 세상이 원망과 탄식의 소리를 지를 때, 그리스도인은 하나님께 엎드려 눈물의 기도를 드려야 한다. 이스라엘이 멸족할 위기에 처했을 때 모세가 그러했고, 죄로 인해 종일 신음하고 뼈가 쇠하는 고통 중에 있었던 다윗이 그러했다. 이것은 국가적으로도 마찬가지다. 죄로 망하게 된 니느웨 성이 구원받은 것은 식음을 전폐하고 재를 뒤집어쓰며 하나님께 울부짖었던 기도에 있었다. 위기 극복을 위해서는 마음을 모으고 함께하는 것이 필요하다. 니느웨 성의 경우, 소와 양처럼 말 못하는 짐승들조차 하나님 앞에 마음을 모으는 회개의 행렬에 동참했다.

링컨은 노예폐지를 위한 남북전쟁에서 패전의 위기에 빠지자 국가 금식일을 선포하면서까지 기도의 자리에 나아갔다. 6·25한국전쟁으로 나라 전체가 북한에 점령되고 경남과 부산 일부만이 남아 있던 풍전등화의 위기에서 목사들과 교인들은 초량교회에 모여 하나님 앞에 밤낮으로 눈물의 기도를 드렸다. 기도가 개인을 보호하고, 기도가 국가를 보호하는 것이다. 기도의 눈물이 흐르는 대로 국가의 운명이 흘러가는 것이다.

우리를 위기에서 구할 자는 하나님밖에 없다. 이것이 지금과 같은 위기에서 우리가 기도를 통해 다시 붙잡고 확인해야 할 진리이다. 하나님께서는 그분의 자녀들이 위기 앞에서 무력해지거나 허둥대는 것을 결코 원하지 않으신다. 하나님께서는 그분의 자녀들이 위기를 만날 때, 주님께만 바짝 엎드려서 영혼의 신음소리를 내기를 원하신다. 인생살이에서 삼킬 듯이 출렁이는 홍해 앞에 서는 것은 이스라엘 백성에게만 해당하는 사실이 아니다. 우리 역시 도무지 감당할 수 없는 홍해 앞에서 망연자실할 때가 있는 것이다. 이것은 개인이나 국가도 똑같다.

그러나 홍해 앞에서 세상은 이스라엘 백성처럼 불평하며 원망할지 모르지만, 믿는 자는 손을 들어 기도한 모세처럼 위기 속에서도 능히 홍해의 길을 열어 사람들을 인도해야 한다.

지금은 믿는 자들이 마음을 다해 사랑하는 조국이 다시 일어서도록 눈물로 기도해야 할 때이다. 두려움으로 의기소침하거나 몸을 움츠려서 혼자만의 살 길을 모색하는 것은 그리스도인이 아니다. 경제적 어려움이라는 홍해 앞에 서 있는 국가를 위해 믿는 자들은 전심전력으로 기도의 힘을 모아야 한다.

그리스도인의 진면목은 말이 아니라 말씀을 그대로 실천하는 데 있다. 사랑의교회에서는 매월 둘째 금요일을 '나라사랑 구국기도금식일'로 선포하고 "주여, 우리의 기도를 통해 하나님께서 이 민족을 쓰셨다고 선포할 수 있는 그날이 오게 하옵소서." 하고 기도하고 있다. 한편으로는 월가의 탐욕으로 시작된 금융위기가 어떤 면에서 물질에 집착하는 우리 사회를 깨우는 전화위복의 기회가 될 수도 있을 것이다. 기도를 통해 물질만능과 탐욕에 사로잡힌 이 땅에 하나님의 의의 다림줄이 내려지고, 경제계에 하나님의 생기가 불어 이 나라가 세계 선교를 마무리하는 귀한 도구로 쓰임받기를 바란다. 아무쪼록 교회마다, 믿는 자가 거하는 처소마다 기도의 눈물이 적셔짐으로 경제적 어려움에 처한 우리나라가 회복되기를 간절히 기도한다.

애국심과 그리스도인

 평소 스포츠에 그리 관심이 없는 사람들조차도 올림픽에 출전한 선수들의 몸짓 하나를 보고 일희일비하게 만드는 것이 애국심이다. 해외에서 애국가를 들으면 자신도 모르게 콧잔등이 찡해지고 가슴을 울컥하게 하는 것 역시 애국심이다. 그래서 "인간 최고의 도덕은 애국심이다."라는 말도 있는 것이다.

 그런데 애국심은 묘한 데가 있다. 언뜻 보면 애국심은 본능적인 것이어서 전천후처럼 언제 어느 때라도 무조건적으로 그 힘이 발휘될 것 같지만, 실상은 환경에 크게 좌우될 수 있는 것이 애국심의 실체이다. 최근 갤럽에서 실시한 여론조사를 보면, "다시 태어나도 한국인으로 태어나고 싶은가?"라는 질문에

"그렇다."라고 대답한 사람은 열 명 중에 여섯 명도 채 되지 않았고, 특히 20대 여성의 절반은 한국인으로 다시 태어나고 싶지 않다고 대답해 충격을 주었다. 이러한 대답은 "위(胃)가 비어 가지고는 어느 누구도 애국자가 될 수 없다."라는 19세기 정치가 W. C. 브란의 말을 들으면 그렇게 놀랄 일도 아니다. 10년 전보다 생활이 좋아졌느냐는 질문에 "그렇다."고 대답한 사람의 비율이 10년 전 여론조사보다 더 낮아졌다는 사실에서도 씁쓸한 마음을 감출 수 없다.

애국심은 더 이상 핏줄만으로는 지탱할 수가 없다. 건강한 경제력과 좋은 환경이 애국심의 뼈와 살을 형성하는 것이다. 이런 점에서 그리스도인의 책무는 막중할 수밖에 없다. 나라가 건강하게 발전하도록 기도하고 실천적으로 보호해야 할 책임이 있다. 애국심이 자본주의의 폐해에 오염되거나 이기적 민족주의의 함정에 빠지지 않고 건강하게 뻗어나가도록 감시하고 지키는 것이 그리스도인의 일이다. 우리는 나라 없이는 존재할 수 없다. 기독교 자체는 국경이 없지만, 그리스도인에게는 조국이 있는 것이다. 한 손에는 성경을, 다른 한 손에는 태극기를 붙잡는 것이 우리 그리스도인의 균형 잡힌 정체성이다.

십수 년 전 통일원에서 나온 자료를 보면, 북한에 있는 어떤 할아버지가 남한으로 가족을 탈출시킨 죄로 체포된 이야기가 있다. 그 할아버지는 이 수용소, 저 수용소를 전전했는데 그때마다 늘 방석을 가지고 다녔다. 감시원이 이상해서 방석을 조사했더니 그 안에 성경과 태극기가 들어 있었다고 한다. 그 감시원은 태극기를 불사르고, 성경을 찢어 불태우도록 명령하였다. 그러나 할아버지는 그 요구를 거절했고, 그 때문에 결국 총살을 당했다. 이 이야기는 우리에게 애국과 신앙의 관계가 어떠한지를 잘 보여 준다.

성경에서도 그리스도인의 진정한 나라 사랑은 특별했다. 사도 바울은 민족의 구원을 위해 자신의 생명을 기꺼이 내놓았고, 우리나라의 초대 기독교인들 역시 이 민족의 주춧돌을 새로 놓기 위해 자신을 희생하였다. 자신의 배만 두드리고 살아가기에도 급급한 오늘날, 나라와 민족을 향한 애통의 심정을 갖기란 결코 쉬운 일이 아니다. 그러나 우리 그리스도인들의 거룩한 유전인자에는 민족을 사랑하고 동포를 위하는 마음이 태생적으로 들어 있다. 나라의 기초를 세우고 터를 닦았던 민족의 사표요 선구자인 도산 안창호, 남강 이승훈, 우남 이승만, 월남 이상재, 백범 김구, 고당 조만식 같은 분들도 모두 그리스도인이었다. 나라 사랑, 어떻게 할 것인가? 먼저 진정한 그리스도인이 되라. 그것이 나라 사랑의 길이다.

위정자를 위한 4중 기도

한국교회는 복음이 이 땅에 전파될 때부터 애국애족적인 본성을 갖고 있었다. 1895년의 북장로교 선교 보고서에는 다음과 같은 글이 있다.

"한국교회가 지닌 흥미 있는 양상의 하나는 애국심이다. 국기가 대나무 끝에서 기독교인들의 집이나 교회 위에 휘날리고 있었다. 주일날이면 그들의 집이나 교회 위에 국기를 단다는 것은 선교사들의 아무런 지시도 없이 기독교인들 사이에 일어난 실천이었다."

이처럼 기독교인들이 자발적으로 국기를 단 것은 국가에 대한 자긍심과 애국심의 소리 없는 웅변이었다고 할 수 있다.

성경에는 오늘날의 개인주의 시각으로는 좀처럼 이해하기 어려운 구절들이 있다. 바울은 믿음의 아들 디모데에게 보내는 편지에서 "모든 사람을 위하여 간구와 기도와 도고와 감사를 하되 임금들과 높은 지위에 있는 사람을 위하여 하라"(딤전 2:1-2)고 명령했다. 그런데 이 말씀처럼 기독교인들 가운데서 외면당하는 구절이 또 있을까? 선거에서 자신의 뜻과 다르게 당선된 것만 해도 보기 싫은데, 오히려 그런 사람을 위해서 기도하라니. 그것도 적당히 하는 기도가 아니라 간구와 기도와 도고와 감사라는 4중적 강조로 기도하라는 것은 아무리 성경말씀이라도 마음이 내키지 않는다고 생각할지 모른다.

역사적 배경을 보면 이 말씀은 더 이해하기 어려운 구절일 수 있다. 바울이 이 편지를 쓸 당시의 임금은 기독교인들을 콜로세움에서 수치와 조롱거리로 만들고, 굶주린 사자의 밥으로 삼고, 심지어 시체를 길거리를 밝히는 기름덩이로 삼았다는 네로였다. 그런데 바울 사도는 마귀의 화신과 같은 악명 높은 네로를 위해 오히려 간절히 기도하라고 말했다. 왜 하나님께서는 그분의 자녀들에게 이토록 마음을 답답하게 하는 말씀을 하시는 것일까?

바울의 이러한 권면을 이해하는 열쇠는 "이는 우리가 모든 경건과 단정함으로 고요하고 평안한 생활을 하려 함이라"(딤전 2:2)고 이어지는 말씀에 나와 있다. 하나님의 관심사는 임금이나 위정자에게 있는 것이 아니라, 사랑하는 그분의 자녀들에게 있다. 우리가 제대로 된 신앙생활을 하기 위해서는 먼저 국가가 평안해야 하고, 그러기 위해서는 위정자가 제대로 정치를 하는 것이 선순환적인 순서이다. 믿는 자들의 기도 때문에 나라가 평안하고, 나라가 평안하면 우리의 신앙생활이 평안하다는 것이다. 이것이 기도의 선순환적 역사라고 할 수 있다.

믿는 자들은 진정으로 국가를 위해서, 특히 위정자들을 위해서 기도해야 한다. 국민의 선택을 받은 지도자들을 위해서 기도하는 것은 성도의 마땅한 의무요, 우리의 기도 때문에 이 나라가 하나님의 보호를 받는다면 그것은 기도의 특권이라고 할 수 있다.

이런 점에서 적어도 그리스도인들은 위정자들을 조롱거리로 삼는 일에는 동참하지 말아야 할 것이다. 지금은 고인이 되신 R. A. 토레이 예수원 원장님은 국가의 위정자들을 농담거리로 삼는 것은 적어도 성경적 입장에서는 죄라고 말씀한 바 있다. 자신이 원했든 아니든 간에 선택되었으면 마음을 열고 그를 위해 기도해야 한다. 이것이 하나님께서 우리들에게 요구하시는 기도의 깊이와 넓이이며, 나아가 우리가 축복의 문으로 들어가는 비결이다.

세상을 품은 그리스도인은 세상을 위해 진정으로 기도하는 사람이다. 특별히 위정자들을 위해서 기도하라. 우리의 기도의 진폭이 깊어지고 넓어지는 만큼 우리 삶의 지경도 깊어지고 넓어질 것이다. 우리의 기도의 눈물이 흐르는 방향대로 국가의 미래가 결정될 것임을 다시 한 번 마음 깊이 새길 수 있기를 소원한다.

민족의 거룩한 새판 짜기

　조정 경기의 키잡이(cox)는 비록 작은 체구지만 건장한 조수들을 지휘해 목적지까지 끌어간다. 한국교회가 살고 우리 민족이 사는 길이 여기에 있다. 우리나라의 땅덩어리는 남북한을 합해도 세계 70위에 미치지 못한다. 앞으로도 한반도를 둘러싸고 있는 미·중·일·러 강대국들을 물리적인 힘으로 감당하기는 어려울 것이다. 이러한 작은 땅덩어리의 우리나라가 키잡이처럼 주변 강대국들을 이끄는 길은 복음의 허브(hub)가 되는 데 있다.

　그리스도인은 하나님의 계산법을 볼 수 있어야 한다. 눈에 보이는 것으로 크고 작은 것을 따지는 세상의 셈법은 때로 우리의 시야를 가리기 때문에 더 큰 사고(思考)의 장애물이 된다.

이런 셈법에 익숙한 사람은 "작은 자가 천을 이루고 약한 자가 강국을 이룰 것"이라는 말씀 속에서 은혜의 준마를 타고 파죽지세로 영의 지경을 넓혀가는 것을 이해하지 못한다. 초기교회의 120인이 천하를 흔들고 결국은 세상을 복음으로 점령했던 사건을 보라. 그들은 지독한 멍에로 전락한 율법의 딱딱한 지판(地板)을 복음으로 뒤집고 거룩한 새판 짜기를 하는 데 성공한 사람들이었다.

객관적으로 볼 때 세계복음주의 교계의 버팀목은 한국과 미국이다. 한국교회는 그만큼 책임감을 느껴야 한다. 우리 앞에는 전대미문의 거대한 지구촌 플랫폼(global platform)이 펼쳐져 있다.

이를 위해서는 2천 년 전 초기교회가 그랬던 것처럼, 이제는 한국교회가 지난 120년 영성의 깊이를 세계화하는 거룩한 새판 짜기를 해야 하는 것이다. 한국교회나 한국 사회에는 국지전을 잘하는 사람은 많지만 전략적 사고를 가지고 영적인 큰 전쟁을 승리로 이끌 사람은 부족하다.

사랑의교회는 민족의 새날이 열릴 수 있도록 특별새벽부흥회를 열었다. 새날은 새 시대를 보는 사람에게만 열리는 것이다. 시대의 안개를 뚫고 또 다른 세상의 도래를 보는 것은 쉬운 일이 아니지만, 그것만큼 중요한 것도 없다. 이른 새벽에 우리는 엎드려 우리나라에 훌륭한 지도자를 세워 달라고 기도하고,

북녘 땅에도 의로운 지도자가 세워질 수 있도록 눈물어린 기도를 하였다.

교회는 시대의 키잡이가 되어 우리 사회에 분출하는 에너지를 공의롭고 선한 곳으로 끌어감으로써 이 민족의 진운에 새로운 지평을 여는 역사의 향도(嚮導)가 되어야 한다.

사회에서 가진 자는 더 가지고, 없는 자는 있는 것마저 내놓아야 하는 무서운 추세가 급류를 타고 있다. 하나님 없이 벼랑으로 달려가는 비극은 우리 사회의 집단적 이기주의, 종말적 쾌락주의, 매춘적 배금주의의 모습 속에 잠복되어 있다. 그럼에도 이기주의의 DNA로 뼛속까지 채우고 있는 인간에게는 자기를 희생하면서 쓰나미처럼 모든 것을 쓸어버리는 세속의 광포한 물결을 거스를 힘이 없다.

극단과 분열, 그리고 배척과 중상으로 해가 뜨고 지는 것이 우리 사회의 현주소라면, 누군가가 이 무서운 패악을 멈추고 악순환으로 치닫고 있는 이 민족의 거대한 수레바퀴를 선순환으로 반전시켜야 한다. 누가 불가능해 보이는 이 일을 할 수 있을 것인가. 지금이야말로 자기희생의 DNA로 충만한 십자가에 사로잡힌 교회가 민족의 거룩한 새판 짜기를 위해 일어서야 할 때다. 우리나라는 땅은 작아도 강대국을 이끌어가는 견인차 역할을 해야 한다. 주어진 시간은 얼마 남지 않았다.

역사에 개입하시는 그리스도

 한동안 리처드 도킨스의 만들어진 신이라는 책이 시중에 큰 반향을 일으킨 적이 있다. 도킨스는 자신의 책에서 지구상의 많은 분쟁이나 문제들은 신을 믿는 사람들 때문에 일어나고 있으며, 따라서 인간의 역사에 신은 도움이 되지 않는 짐이요, 할 수만 있다면 털어버리고 싶은 존재라고 말하고 있다. 그에게는 신이 없는 세상이 유토피아요 낙원이며, 역사는 인간의 주도권 속에 움직이는 작용과 반작용의 결과물일 뿐이다. 그러나 과연 그러한가?

 예전에 캄보디아를 여행한 적이 있다. 그곳에서 킬링필드의 잔혹한 흔적들을 보면서 인간이 역사의 주인으로 자처할 때 어떤 일이 일어났는지를 생생하게 보았다. 철모르는 청소년들을 정치적 견해를 달리하는 동족을 죽이는 살인도구로 삼았던 폴 포트 정권의 잔혹함에 그 현장을 함께 보았던 모든 사람들이 몸서리를 쳤다.

도킨스는 하나님이 부재한 곳이 유토피아가 아니라 바로 지옥임을 보아야 했다. 하나님의 존재를 역사에서 지우려고 했던 레닌과 스탈린 치하에서 일어났던 소련의 참상이나, 지금도 동족을 기아선상으로 내몰고 있는 북한 지도층의 만행은 모두가 하나님 없이 역사를 이루려 했던 숱한 비극 중에 하나일 뿐이다. 도킨스는 자신의 지적 시력을 과대평가했다. 그처럼 지성의 눈에만 갇혀 있는 자에게 진정 필요한 것은 다메섹 도상의 바울이 경험했던 "눈에서 비늘이 벗겨지는 은혜"이다.

도킨스의 망상이란 책도 있다. 도킨스처럼 옥스퍼드에서 생물학을 전공하였고, 지금은 역사신학 교수로 동 대학교에 재직 중인 알리스터 맥그라스가 쓴 책인데, 거기서 매우 흥미로운 표현을 볼 수 있다.

"우리 둘은 똑같은 세상을 바라보고 경험하고 분석한 결과 하나님에 대해서 정반대의 결론을 내렸다. 무엇이 이런 정반대의 결론에 도달하게 했을까? 중요한 한 가지 이유를 들자면 나는 하나님을 믿는다는 사실이다."

한 사람은 역사에서 하나님을 보았고, 또 한 사람은 하나님을 보지 못했다. 그리고 이것이 두 사람의 영원한 운명을 결정하였다. 무신론자들은 망원경으로 신을 보지 못하고 현미경으로 영혼을 파악하지 못하기 때문에 하나님도, 영혼의 존재도 믿지 못한다. 그러나 예수를 믿는 사람은 역사의 커튼 뒤를 보기 위해서 망원경이나 현미경에 의존하는 사람이 아니다.

사회가 어수선하고 방향을 잃은 듯 보이는 지금이야말로 역사를 주장하시고 우리 민족의 역사에 개입하시는 예수 그리스도를 믿고 그분 앞에 엎드려야 할 때이다. 사람들의 간계와 술책, 정치적 꼼수를 쓰면 십만 명의 생각을 움직일 수 있을지 모르지만, 사천만 명의 생각을 움직이는 것은 역사의 주인 되시는 예수님뿐이시다. 이 땅 위에 하나님을 두려워하고 우리 민족의 모든 잠재력을 마음껏 이끌어낼 수 있는 지혜로운 지도자들을 더 많이 세워 달라고 눈물로 기도하자.

하나님의 역사는 기도의 눈물이 흐르는 방향으로 흘러가는 법이다. 우리 민족의 미래가 역사의 주인 되시는 예수님께 붙들려질 수 있도록 우리는 눈물의 기도를 드려야 한다. 그러면 우리가 흘리는 눈물이 민족이라는 배를 띄우는 기도의 강수(江

水)가 되어 흐를 것이다.

"역사에 개입하시는 주님이시여 우리의 눈물의 기도를 주의 병(시 56:8)에 담으소서."

거듭난 좌금우서(左琴右書)가 필요할 때

목회의 처음과 끝은 사람이다. 사람을 생각하고, 사람을 품고, 사람을 세우고, 사람을 하나님 나라의 일원으로 삼는 목회는 문사철로 통칭되는 인문학이 인간을 주제로 삼고 통찰한다는 점에서 서로 공통점을 가지고 있다. 이것은 보다 깊은 목회를 위해서는 인문학적 사고의 뒷받침이 필요하다는 것을 의미하며, 25년이 넘는 목회에서 경험한 사실이기도 하다. 지난 사역 가운데 가장 중요하게 여긴 것은 창조적 사역이었다. 창조적 사역의 핵심은 어떻게 하면 피조물인 사람을 창조주 하나님께 더 가까이 하도록 할 수 있을까라는 질문을 끊임없이 하는 데 있다. 이것을 위해서는 사람을 이해하는 것이 중요하다. 사람의 생각뿐만 아니라 사람의 감정을 이해하지 못하면 창조적 사역은 할 수 없다.

인간 본성의 통찰을 위한 깊은 사색과 묵상은 사역에서 문사철이 가져다주는 축복이라고 할 수 있다. 인문학이 인간의 통찰과 얼마나 깊이 연관되는지는 서구문학의 기둥이라고 불리는 괴테의 문학을 통해서도 실감할 수 있다. 괴테는 종종 "인간은 노력하는 한 방황한다." "어두운 충동에 사로잡힌 선한 인간은 바른 길을 잘 의식하고 있다."는 모순어법들을 사용하고 있는데, 이는 인간에 대한 통찰이 없으면 나올 수 없는 경지의 말이다. 이러한 통찰은 생각의 용량을 넓혀 주는 것이다. 파우스트는 하늘에서는 가장 아름다운 별을, 지상에서는 최고의 쾌락을 추구하는 자였다. 그는 신학, 법학, 의학, 철학을 섭렵하였고 심지어 주술까지 해보았지만 만족이 없었다. 영혼이 만족하지 않는 한 진정한 만족의 삶은 없음을 보여 주고 있다.

목회는 기갈한 영혼에 영원한 만족을 부여하는 작업이다. 그러므로 진정한 목회를 위해서는 사람의 다양성을 조명하고 다루고 분석하면서 삼라만상의 인간 군상을 이해하기 위한 희로애락의 과정이 필요하다. 이런 점에서 목회를 하면서 손을 놓지 않았던 책들은 인간의 본성을 다룬 고전적인 책들과 두보의 시집을 비롯한 조선 시대 시인들의 역작들이었다. 조선 선비의 좌금우서, 왼손엔 가야금, 오른손엔 책을 들고 있는 선비의 삶에서 인간의 통찰과 여백을 생각할 수 있었다. 이것이 생각에 불을 지폈고 창조적 사역의 불꽃을 튀게 하였다.

오늘날 우리 사회가 안고 있는 갈등과 상처는 사상적인 여유와 관용의 부족에서 비롯되는 것이다. 이것의 대다수는 불충하고 빈약한 사상에서 시작되고 있다. 세상의 수많은 문제들, 특히 이해관계가 복잡한 문제들을 균형 있게 이해하고 풀어내기 위해서는 사상적인 뒷받침, 문사철의 기반이 절대적으로 필요하다. 지금 우리 사회를 이토록 갈등과 상처 속에서 신음하게 하는 것도 균형과 중용을 담지 못할 만큼 문사철의 기반이 부족하기 때문이 아닌가 한다. 사상적인 편견과 오만의 방부제가 인문학에 대한 깊이라고 할 수 있다. 인간은 들은 것만큼 보고 보이는 것만큼 행동하게 된다. 생각의 훈련과 인간의 내면에 대한 통찰을 통해 인간에 대한 이해가 깊어지는 만큼 인격도 깊어질 수 있다.

교회가 목회자의 영성 수준을 넘어서기란 쉽지 않다. 이 격변의 시기를 맞아 목회자는 과연 어떻게 영성을 계발하고 극대화할 것인가? 목회의 밑바닥을 흔드는 파괴적인 자기 고갈을 어떻게 예방할 수 있는가? 요즘처럼 조변석개하는 이 카오스의 시대에 진정 필요한 것은 목회가 교회의 신성한 영적 활천(活泉)

이요 마르지 않는 깊은 샘이 되어 우리 사회의 진정한 영적인 균형추의 역할을 하는 것이다. 이를 위해서 작은 사건 하나도 문학, 사상, 철학의 조명 없이는 함부로 움직이지 않는 거듭난 지성과 좌금우서로 대변되는 선비의 여백을 담는 기품 있는 목회가 필요한 때이다.

교회의 미래를 품는 전략적 사고

　세상은 가시적인 힘만으로 지배되는 곳이 아니다. 만일 물리력이 지배권을 보장하였다면, 명량해전에서 불과 12척으로 그 열 배가 넘는 133척의 왜군을 물리쳤던 것이나, 남북전쟁초기에 연전연패하던, 급조된 북군이 남군의 정예부대를 이기는 것은 불가능했을 것이다. 불가능을 가능하게 했던 것은 지형과 조류의 흐름에 대한 치밀한 분석을 통해 상황을 조망하고 전세를 장악했던 이순신과, 연방제에 대한 견해차로 인한 '남부와 북부의 갈등'으로 여겨졌던 남북전쟁을 노예해방선언을 통해 일순간에 '불의와 정의의 대립구도'로 만들어 대의(大義)를 장악했던 링컨이 있었기 때문이다.

시대의 분수령에서 이들을 역사적 인물로 차별화한 것은 현실을 돌파하며 미래를 선점하였던 전략적 사고였다. 위대한 전략적 사고는 에너지의 누수를 막고 자원을 극대화한다는 점에서 효율성의 백미이며, 하나님의 자원을 가장 생산적이고 가장 창조적으로 사용한다는 점에서 성경적이라 할 수 있다. 그렇기 때문에 하나님의 사람일수록 전략적 사고에 능해야 한다. 제한된 자원으로 가장 효율적으로 복음을 전하고 사람들의 필요를 채우며 하나님의 나라를 세우는 일을 위해 머리를 싸매고 고민하는 것은 교회의 미래를 품는 모든 목회자의 마땅한 자세라고 할 수 있다.

사람이 바뀌려면 의식이 개혁되어야 하고 의식이 개혁되려면 새로운 정보를 가져야 하고 새로운 정보를 얻기 위해서는 감각이 있어야 하며 감각이 있으려면 생각이 젊어야 한다. 그래서 목회자나 교회는 나이가 들어도 젊을 수 있는 것이다. 이것이 교회의 미래를 품는 전략적 사고의 기초가 아닌가 한다.

신앙인에게 전략적 사고는 일신(一身)의 보장이 아니라 육체의 한계를 돌파하는 것이며, 세상적 꾀가 아니라 하나님의 비전이요, 죽음이 아니라 생명이며, 현실의 자구책이 아니라 미래의 차원을 여는 문이어야 한다. 순종으로 일신의 두려움을 뛰어넘어 300명의 용사로 십여만의 무력을 제압하였던 기드

온, 하나님께서 복을 주시고자 했을 때 개인의 부귀가 아니라 선악을 분별하는 지혜를 구함으로 이스라엘 역사에 전대미문의 전성시대를 열었던 솔로몬, 유대민족의 멸망을 목전에 두고 기꺼이 순교적 전략으로 유대민족에게 생명의 문을 열었던 에스더, 예수님에게서 구원의 길을 발견하자마자 그토록 애지중지하던 자신의 소유를 모두 내어놓음으로 온 집안을 구원으로 이끌었던 삭개오에게서 육신과 현실과 죽음마저 뛰어넘어 역사를 주도하고 비전을 실현하며 미래의 방향까지도 끌어가는 전략적 사고의 힘을 엿볼 수 있다.

그러나 미래의 영혼이 담긴 전략적 사고를 품어내고 구현하는 것은 결코 쉬운 일이 아니다. 이의 가장 큰 방해꾼이자 장애물은 현실과 유착된 '관성'이요 '습관적 사고'이다. 이것이 문제가 되는 이유는 현실에 붙들린 닫힌 눈과 경직된 사고를 가지고는 미래의 담장을 넘어서기에 구조적으로 너무도 역부족이기 때문이다.

해결책은 통찰을 가진 자의 비상한 긴장과, 관성에 사로잡힌 사람들에게 충격적 미래의 실상을 그대로 보여 줄 수 있는 설득력에 있다. 이것을 위해서는 잠재적인 역량까지 결집하여 선제적으로 해결할 수 있는 능력을 보유한 글로벌 차원의 기독교적 싱크 탱크가 뒤따라야 한다. 미래는 그저 꿈꾸는 자의 것이 아니라, 적어도 한 세대 이후를 통찰하는 전략적 사고를 가지고 실천하는 자의 것이다. 진정 소원하는 것은 한국교회가 현실에 안주하려는 관성의 법칙을 깨고 미래의 시간, 영토, 영혼을 품어 세계를 하나님께로 건져내는 영적인 강력한 허브(hub)가 되는 것이며, 이 일을 위해 쓰이는 것이다.

국제제자훈련원은 건강한 교회를 꿈꾸는 목회의 동반자로서 제자 삼는 사역을 중심으로
성경적 목회 모델을 제시함으로 세계 교회를 섬기는 전문 사역 기관입니다.

희망은 사람사이로 흐른다

초판 1쇄 발행 2008년 12월 10일
초판 9쇄 발행 2018년 3월 9일

지은이 오정현

펴낸이 오정현
펴낸곳 국제제자훈련원
등록번호 제2013-000170호(2013년 9월 25일)
주소 서울시 서초구 효령로68길 98(서초동)
전화 02)3489-4300 **팩스** 02)3489-4329
이메일 dmipress@sarang.org

저작권자 (C) 오정현, 2008, *Printed in Korea.*
이 책은 저작권법에 의해 보호를 받는 저작물이므로 저자와 출판사의 허락 없이
내용의 일부를 인용하거나 발췌하는 것을 금합니다.

ISBN 978-89-5731-742-6

※ 책값은 뒤표지에 있습니다. 잘못된 책은 구입하신 곳에서 교환해드립니다.